JN439182

아름다운 동행

김성윤 수필집

교음사

| 책 머리에 |

장애인의 고통이 이해되었으면…

나의 삶은 진정 외롭고 힘든 시간이었습니다. 누구에게 장애로 힘든 상황을, 다른 사람들이 이해 할 수 없는 고통을 오직 홀로 참고 견디어야 했습니다. 장애인이라는 세상 사람들의 따가운 눈초리와 함부로 판단하고 말과 행동을 할 때 저에게는 큰 상처가 되었습니다. 이런 한은 다소나마 글로 통하여 마음의 치유가 되었습니다. 누구보다 할 말이 많은 저입니다. 다른 사람들은 글을 쓸 것이 없다고 고민하는데 저는 앉아서 쓰기만 하면 한 편의 글이 나왔습니다.

누구보다 바쁘게 살아왔습니다. 매일 성경을 읽고 매일 묵주기를 받치면서 공부를 하고, 책을 읽고, 글을 쓰고 또 일거리가 생기면 일을 하고, 컴퓨터를 배워 자격증을 따고, 때로는 성당 활동을 하면서 정신없이 살아왔습니다. 하루 24시간이 부족해 24시간이 더 있었으면 하는 생각도 합니다.

그렇게 노력하다 보니 노력한 대가가 보이기 시작하였습니다. 세상에는 공짜가 없는 것 같습니다. 지금 생각해 보면 어떻게 하루라는 시간을 쪼개어 쓸 수 있었는지, 어쩌면 그렇게 시간들이

빈틈없이 잘 맞추어지는지 모르겠습니다. 이것은 저에게 기적이었습니다.

그것은 나의 노력만으로 되는 것이 아니었습니다. 하느님의 도움이 있었기에 여기까지 왔습니다. 하느님 감사합니다.

이 글을 읽는 독자들이 몰랐던 장애인에 대한 인식이 변화하여 따뜻한 배려가 있는 사회가 되었으면 좋겠습니다. 또한 이 글을 통하여 많은 장애인들과 장애인을 가진 부모님들에게 용기와 희망이 되었으면 합니다.

감히 책을 낸다는 생각도 못했습니다. 지인들이 빨리 내라는 독촉과 책을 낼 수 있게 도와주신 분들 덕분에 감히 용기를 내어 수필집을 발간하게 되었습니다. 제가 글을 쓸 수 있도록 도움을 주신 오경자 선생님, 편집과 교정을 봐 주신 이자야 편집국장님 그리고 사랑하는 가족들과 내 주위에 아는 모든 사람들에게 감사드립니다. 특히 이 책을 내게 해주신 하느님께 찬미합니다.

2016. 12.

성수동 자택에서 아침에 저자 김성윤

| 김성윤 수필집 |

3부 모처럼의 여유

4부 귀한 사람들

5부 아름다운 동행

6부 엄마와 산책

7부 아름다운 만남

1

작은 행복

도산서원(陶山書院)

5월이 시작되는 첫째 날, 도산서원을 찾았다.

날씨가 흐려서 다니기에 좋았다. 신의 축복을 받는 것 같았다.

마당으로 들어서니 푸른 나무들과 선비들이 좋아하였다는 매화나무가 있었다. 특히 퇴계 이황 선생님께서는 매화를 무척이나 사랑하셨다. 매화에 대한 시를 많이 쓰셨다고 한다. 꽃을 사랑하는 사람은 마음씨도 좋다는 생각을 한다.

당시 예조판서, 우찬성, 대제학 등을 두루 지냈으며 사후에는 영의정으로 추정되신 이황 선생은 70여회의 벼슬을 사양하고, 이곳에 와서 학문연구와 인격도야와 후진양성에 힘썼다. 물러날 때를 아는 지혜로운 분인 것 같다. 대부분 사람들은 권력을 더 차지하려는데 말이다.

도산서원은 퇴계 이황 선생이 도산서당을 짓고 유생을 교육하며 학문을 쌓던 곳이다. 그곳에 몸소 거처하시면서 제자들을 가르치던 곳이다. 그 방에는 전면 전체와 왼쪽에 책들을 놓았던 곳이다. 습기를 염려하여 벽 사이를 띄어 천장까지 책을 놓을 수 있도록 만들어 놓았다. 선생님께서 수 만권의 책을 읽으셨다고 한다.

그곳을 보는 동안 창피하고 부끄럽기까지 하였다. 글을 쓴다고 하면서 일주일에 책을 한 두 권도 읽기 힘들다. 그런 면에서 선생님이 부럽기까지 하였다. 특히 선생님은 읽었던 책을 읽고 또 읽어, 서너 번을 읽어 완전히 자기 것으로 소화시켰다. 앞으로 더 많이 읽어야지 하면서도 책만 읽을 수 있다면 얼마나 좋을까 하는 생각을 해본다.

사람이 살아가면서 모든 것들을 경험할 수 없다. 나머지는 책을 통해서 세상을 알고 배우고 느끼면서 간접 경험을 통하여 삶을 지혜로 대처할 수 있다. 요즘 책만 읽고 글만 쓴다는 것은 어려운 일인 것 같다. 나이가 많이 먹은 사람들은 젊어서 기반을 잡아 놓았지만, 젊은 사람들은 직장을 가지고 취미생활로 글을 읽고 써야 한다. 그렇지 않으면 살아가기 힘든 세상이다. 그나마 난 어릴 시절에 책도 많이 읽지 못하여 후회가 된다. 사회생활을 하다가 보면 책을 많이 읽은 사람과, 읽지 못한 사람들은 차이가 난다. 역시 읽지 못한 사람은 자기 삶 속에 느낀 것이 전부이기 때문에, 남들에게 말과 행동으로써 상처를 주고도 자기 잘못을 깨달지 못하는 사람이 있다. 책을 읽는 순간 마음이 편안해진다. 어떤 놀이보다 더 재미있는 것은 없는 것 같다.

바쁜 현대사회에서 다들 인터넷과 스마트폰이 있어, 시나 수필 같은 것도 찾아보면 다 읽을 수 있는 세상이다. 책을 사서 읽은 것이 점점 사라지는 것 같다. 지금은 전자책이라는 것이 있어 무겁게 가지고 다니지 않고, 스마트폰으로 읽을 수 있으나, 난 아직도 책으로 읽는 것이 좋다.

나의 방에는 읽지 못한 책이 가득하다. 그야말로 책 부자다. 그 책들을 어서 다 소화시켜야 하는데, 읽을 수 있는 책들이 많다는 것만도 행복한 일이다.

도산서원에서 퇴계 선생님과 앉아서 책을 읽는 제자들 모습이 부럽기만 하다. (2013. 5. 27)

마곡사(麻谷寺)의 가을 속에서

아~ 이렇게 아름다울 수가…, 밤에 아무도 모르게 요정들이 와서 물감을 뿌려놓은 것 같았다.

이 아름다운 절에서 매일 이런 경치를 볼 수 있다는 것에 스님들이 부러웠다. 특히 이곳은 봄에는 철쭉으로, 여름에는 녹음으로, 가을에는 단풍으로, 겨울에는 설경으로 아름답다고 한다. 속세를 떠나 자연과 함께 벗하면서 수양을 하기 위해 이런 깊은 산골짜기에 절을 지었는지도 모른다는 생각을 잠시 했다.

평생, 마음 놓고, 일부러 찾아가 단풍구경을 한 적이 거의 없는 것 같다. 혼자서는 오기도 힘들지만, 누구하고 같이 온다는 것도 쉬운 일이 아니다. 특히 불편한 다리로 말이다. 교수님과 문우들은 손을 잡아주고, 가방을 들어주고, 나의 걸음을 맞추어 천천히 걸어주시는 배려에 미안한 생각이 들었다. 내가 여기에 오지 않았으면 그분들은 신경을 안 쓰고, 편안하게 즐길 수 있었을 것이다. 미안하지만 그렇지 아니하면 구경을 못할 테니, 염치불구하고 따라 왔다. 나의 욕심인지도 모르겠다. 글벗들이 너무나 고마운데, 내가 할 수 있는 것은 그분들을 위해서 기도하는 일 뿐인 것 같다.

단풍에 취하여 이리보고 저리 보느라고 정신이 없었다. 걸으면서 지금 내 나이에 대부분 사람들은 직장에 힘들게 다니고 있거나, 자녀들을 키우기 위해 정신없이 바쁘게 생활하고 있을 것이다. 그런 면에서 걱정 없이 글이나 쓰면서 이 가을 경치에 빠져있다는 것에 감사했다. 하루하루 걱정으로 살아가는 사람들이 많을 텐데, 부자는 아니지만 먹고 쓸만큼 여유가 있다는 것이 얼마나 감사할 일인가 말이다. 얼마 전까지만 해도 무척이나 힘들었다. 이제는 이런 기회도 좀 즐기면서 편안하게 살아가라고 주시는 신의 선물인 것 같다.

문 선생님이 손을 잡아주셔서 내 평생 계곡의 돌다리를 건너 볼 수 있었다. TV에서 볼 수 있는 돌다리를 말이다. 김 선생님은 나에게 "업어줄까?" 했다. 그 말에 깜짝 놀라 "아니요"하고 고개를 저였다. 그 순간에 옛날 중3 시절이 떠올랐다. 5월 어느 날 성당 친구들과 도봉산 중간까지 올라가셨다. 내가 평생 그렇게 높은 산은 처음으로 갔던 것 같다. 그 후 아직까지도 그처럼 높은 산은 못가고 있다. 맑은 공기와 개울물에 발을 담그면서 즐거운 시간들을 보냈다. 오고가고 하는 동안 남자 친구들이 중간 중간 힘들어 하는 나를 돌아가면서 업어주었다. 그런 도움이 없으면 도봉산이라는 것을 구경할 수 없었을 것이다. 집에 돌아와 다리가 무척이나 아파서 하룻밤 동안 잠을 못 잤다. 그 후 가을쯤인가? 성당에서 또 산에 가게 되었다. 수녀님이 내게 오셔서 학생들이 산에 가는데, 나를 데리고 가지 않으면 안 가겠다고 했단다. 그런 친구들이 너무나 고마워서 눈물이 나올 정도였다. 하지만 나 때문에 다른 친구들이 정상에 못 갈 텐데 또 친구들을 힘들게 할 수 없었다. 수녀님께 친구들을 잘 설득해 달라고 부탁 드렸다.

이런 따뜻한 사람들이 내 주위에 많이 있어서 이 세상 속에서 함께 섞여 살아갈 수 있는 것 같다. 우물 안에 개구리가 아닌, 더 넓은 세상을 보고 느낄 수 있다는 것이, 내 주위에서 배려와 사랑이 가득한 사람들 때문이다. 그들에게 감사한다. 어쩌면 난 행복한 사람인지도 모르겠다.

아~ 그 고마운 친구들이 보고 싶다. 아마 지금은 다들 아빠, 엄마가 되어있겠지! 그 친구들이 나에게 아름다운 추억이라는 선물을 주었다.

저기서 손짓들을 하면서 나를 부르고 있다. 오색 단풍잎들이 더 예쁘다고 다 함께 사진 한 컷을 찍었다.

꽤 오랫동안 잊지 못할 또 하나의 추억이 될 것이다

(『여울』 2012)

우울하다 못해 가슴이 쓰리다

요즘 몸이 아파서 기분이 우울한데, 세월호 침몰사건으로 며칠째 계속 가슴까지 쓰리고 아프다. 아침에 눈을 뜨면 꿈이었으면 하는데, 그 가족들은 얼마나 아플까? 꿈도 못 피우고 떠난 아이들, 희생자들이 불쌍하다. 그 가운데 내 가족이 내 주위 사람들이 이런 끔찍한 일들을 당하지 않았다는 것에 안도감이 들지만 그런 생각하기도 미안하다. 너무나 큰 사건이다. 만일 내 가족이 그렇게 당했다면 어떤 심정일까? 상상조차 할 수 없는 일이다. 살아있는 내 자신도 그 희생들을 생각하면서 조용히 기도한다.

선장과 승무원들만 탈출해 나왔다는 말에 한층 안타까움은 더했다. 그렇게 빠져 나오지 않고 승객들을 구하고 죽었다면 더 좋았을 것이다. 지금 그들은 살아도 살아 있지 않은 목숨이다. 악령이 들지 않고는 인간으로서 도저히 그렇게 할 수 없는 일이다.

유병언은 선장보다 더 못된 아주 악질이다. 그것도 종교지도자가 말이다. 종교지도자란 주님을 믿으며 착하게 모범적으로 생활하면서 교인들을 좋은 길로 인도하는 것이 기본 도리이다. 구원파는 한번 회개하면 천당으로 그냥 간다고 한다. 말도 안 되는 것이다. 그것은 주님을 모독하는 아주 큰 죄이다. 사람들은 이 세상에 살아가면서 누구나 죄를 짓지 않고 살아가기 힘들다. 주님을 믿으면서 죄를 뉘우치고 반성하고 회개하면서 주님께 더 가까이 가도록 노력하고 다른 사람들을 나보다 먼저 배려하는 것이 하늘에 보화를 쌓는 것이다. 이런 것들이 주님을 믿는 교인으로서 할 도리이다.

종교지도자로서의 행동도 빵점이지만 나쁜 짓이라고는 다한 유병언. 그의 권력과 힘이 너무 커서 아무도 당할 사람들이 없었던 것을 보고, 신께서 아주 괘씸하여 그 선장과 승무원들에게 그들의 악령을 들리게 한 것인지도 모른다. 설마 주님께서 그런 일을 했을까? 아니다, 다 우리 인간들의 잘못이다. 꽃도 피워보지 못한 아이들과 그 밖에 희생자들은 무슨 죄가 있는 것인지, 더욱 착하고 말 잘 듣는 성실한 아이들이 죽었다는 것에 마음이 더욱더 쓰리다.

그들만 잘못 한 것이 아니다. 이익과 욕심들을 채우기 위해 안전관리 등. 모든 것에 무관심한 것들이 이번 큰 사고의 원인이다. 우리 모든 어른들의 책임이 크다. 이 세상을 이렇게 만들게 한 것을 그냥 보고만 있었던 어른들이다. 옆에 누군가 잘못하면, 서로가 감시자가 되어서 바로 잡아 주어야 했던 것이다. 바른 말이 때로는 하기 싫어서 눈감아 지나가는 것이 더욱더 큰 원인이다. 우선 나부터가 남에게 싫은 소리는 잘 안하게 된다.

정치인 J의 아들은 문자로 표현한 방식은 틀렸지만 맞는 말이라고 생각한다. 어쩌면 어린 아이보다 생각이 잘못된 것이 지금 어른이다. SNS나 트위터 등으로 세월호 침몰사건 등을 허위사실로 올린 사람들은 다시는 그런 짓을 하지 못하게 엄벌에 처해야 한다. 그렇게 할 일들이 없는지. 너무 한심한 인간들이다.

이 세상을 죽을힘을 다해 24시간도 모자라게 살아가는 사람들이 얼마나 많은가? 또한 여당과 야당이 이 사건으로 서로가 잘났다고 떠들고 박대통령이 무슨 잘못이 있어 욕하는지 이해가 가지 않는다. 이렇게 실타래가 엉킨 이 세상에 잘못된 것들을 어떻게 풀어나가야 할지 걱정이다. 이런 세상이, 박대통령이 너무나 가엾다는 생각을 한다. 다들 잘 알지도 못하면서 입으로 한 몫 하여 더욱더 큰 상처들을 주고 있다.

사공이 많으면 배가 산으로 올라간다는 말이 있다. 한 명의 잠수부가 희생자를 건지기 위해 죽었고 많은 사람들이 22일 동안 바다와 싸우면서 구조작업에 힘쓰고 있다. 그들이 목숨 걸고 하는 작업과 그 비용과 가족이 지쳐가는 그들의 아픔들을 이루 다 말할 수 없는 현실이다.

신께서 우리에게 제발 정신 좀 차리라고 경고를 내리신 것일까? 앞으로 다시는 이런 일이 없도록 해야 한다. 결국 우리들의 무관심들이 이렇게 큰 사건들을 만든 것이니 예고된 일이었다. 국민들의 큰 상처들이 언제 치유가 될지 걱정이다. 다들 우울한 기분이다. 음식 먹으려 가는 것이나 여행도 다 싫다고 안가서 경제가 침체 될까 걱정들이다.

(2014. 5. 7)

우포의 가을

들어보지도 못한 낯선 우포늪을 찾아갔다. 그리고 보니, 세상을 좁게 살아왔다. 우리나라의 최대의 원시 자연늪이다. 이곳에는 생물로는 340여 종의 식물과 62종의 조류와 28종의 어류가 서식하고 있다. 우리나라에서 환경오염이 안 된 곳이라고 한다. 이런 곳이 있어 그나마 다행인지도 모르는 일이다. 영상을 보았는데, 화면을 보는 것만으로도 아~ 아름답다. 이런 가시연꽃도 있었구나. 그 영상에는 내가 알고 있는 식물이나 동물과 어류가 거의 없었다. 도시에서 태어나 자랐기에 모르는 것은 당연한 일인지도 모른다. 이런 현실이 참으로 슬픈 일이다. 어쩌면 옛날 사람들이 부럽기도 하다. 가난해서 먹고 살기 힘들었다고 하지만, 자연과 가까이할 수 있어 어르신들은 꽃 이름이나 나무 이름들을 알고 있지 않는가? 가난했지만 그때 사람들은 서로 나누고 도와주는 인정 또한 있었다. 자연 속에서 살아온 사람들은 범죄자도 거의 없다. 가구도 나무로 만든 것들이 안정감을 준다. 지금은 삭막한 도시의 바쁜 생활들이 우리들에게 주는 것은 개인주의와 물질만능주의에 빠져 경쟁심에만 살아남을 수 있는 길이라는 착각 속에 다른 사람들을 배려하는 것을 잊어가고 있다.

옛날 어르신들은 어려운 시절 가난에서 벗어나기 위해 사람들은 앞만 보고 달리는 것이 최선의 방법이라고 생각하고 살아왔다. 내 자식만은 가난하게 키우지 않으려고, 열심히 아니, 지나칠 정도로 교육을 시켰다. 그 결과로 경제적으로나 모든 면에서 발전할 수 있었다. 그 반면 환경에 대한 사람들의 무관심으로 지금 지구는 중병에 걸려 통곡하고 있다. 지구가 아프면 우리들도 아프게 된다.

대부분 자연을, 개발이라는 이유로 산을 깎아 건물들을 짓고 있다. 욕심이 화가 되었다. 편안하다는 이유로 일회용품을 쓰고 있다. 사람들이 무심코 한 것들이 재앙을 불러오고 있다. 지금은 모두들 가던 길을 멈추고 주위를 돌아보아야 할 때이다. 아름다운 곳에 와서 황폐해가는 자연에 대한 경각심을 불러일으키는 영상을 보면서 느낀 생각들이다. 내 생애 처음으로 갈대밭 가까이 가보았다. 햇살이 비치는 갈대밭이 한 폭의 그림 같았다. 어떤 나무는 마지막 단풍들이 거의 떨어져, 몇 개만 붙어 있어 겨울을 재촉하고 있었다. 우포늪 가을풍경, 모르는 식물들과 나무들 그것들을 보는 것만으로도 즐거웠다. 가을 하늘은 푸른 물감을 풀어 놓은 듯 했다.

몇몇 문우들과 다음 여름에 꼭 와서 가시연꽃을 보자고 다짐도 했다. 더구나 맑은 공기가 좋았다. 이 아름다운 자연을 생각하면 도시에도 주위에 꽃과 나무들을 많이 심어야 한다. 우리들에게 작은 식물이라도 큰 영향을 준다.

멸종위기의 따오기를 번식시키려 안간힘을 쓰고 있다는 설명을 들으면서 나도 모르게 기도를 했다. 제발 따오기가 잘 자라게 해 달라고….

처음 만나는 우포늪, 가을 안에서 눈과 마음이 호강을 했다. 한편으로 나 혼자만 이렇게 호사를 누려도 될까싶은 생각을 하게 된다. 어머니와 아버지는 우리 자식들 키우기 위해 이런 좋은 곳도 못보고 희생하면서 살아가시는데 말이다.

또 언제 만날지 모르는 첫 만남의 우포늪과 작별 인사를 하고 차에 오르면서 나부터라도 자연 환경보호에 신경을 써야 하겠다고 다짐해 본다.

(『수필문학』 2013 1·2월호)

비극적인 두 남자

밤새도록 비가 많이 쏟아져 꽤 걱정을 하였다. 영월에 갔더니, 비가 가끔 오고 흐려도 괜찮았다. 그나마 이런 날씨가 우리들에게는 덥지 않아 다니기 좋았다. 영월하면 떠오르는 비극적인 두 남자가 있다. 단종과 김삿갓이다. 작년 4월 28일에도 왔었다. 그때도 날씨가 흐리고 눈이 와서 문인들이 4월의 크리스마스라고 떠들기도 하였다. 날이 맑지 않고, 흐리고 비나 눈이 오는 것을 보며, 단종과 김삿갓의 슬픔 사연들을 하늘이 말해주고 있다는 생각을 했다.

첫째 날은 장릉에 들렀다. 어린 나이에 부모를 잃고 고아가 된 단종, 그것만도 힘들고 외로워했을 단종, 12살에 왕위에 올라 정치하게 된 단종, 주위에서 적들이 노리고 있고, 어린 나이에 정치

기강이 흔들리고, 책임감과 무서움에 떨었을 장면이 내 뇌리를 스쳐간다.

그것도 모자라 청령포로 유배를 가 살다가 17세에 어린 나이에 사약을 받았다. 왜 그때 반항 한 번도 못하고 어디라도 숨어 버리지? 그것도 못하고 죽었는지 정말 젊음이 아깝다. 왕이라면 세상을 다 가진 사람인데, 정치라는 것이 권력이라는 것이 정말 무섭다. 정치가 권력이 사람 목숨보다 중요한 것인지 의문이 간다.

이번에는 비가 많이 와서 청령포를 가지 못했다. 그나마 나는 작년에 갔다 와서 다행이다. 그때 그곳에 간 것이 지금도 눈에 선하다. 아내의 그리움과 적막 속에서 보낸 단종, 단종 거처 쪽으로 소나무들이 다 외로움을 달래주기라도 하듯이 머리를 숙이고 있었다. 그것을 보면서 내 마음에 확 와 닿아 공감이 간다. 외로움 그 누구하고도 대화할 수 없이 혼자 보낸 곳, 그곳을 생각하며 나도 외로웠다. 사회적 편견과 차별로 따가운 시선으로 생활한다는 것이 얼마나 외로운 것인지 나는 거의 집에만 있어야 했지, 또한 누구에게도 나의 장애로 불편함을 이야기 하지 못했다. 때로는 아무도 이해해주지 않고 동감해 주는 사람이 없었기 때문에 내 삶을 혼자 판단하고 극복을 해야 했다. 그래도 난 그 단종보다 행복하다. 그나마 가족들이 많은 힘이 되었다.

둘째 날은 난고 김삿갓 묘와 문학관을 들렀다. 5세 때 홍경래의 난으로 삼족이 멸하게 되었다. 아버지마저 돌아가시고, 어머니와 영월로 피신하여 살게 되었다. 그 가난과 힘든 생활을 누가 알랴. 20세가 되기도 전에 천재적인 재능을 보여 백일장에서 장원을 하게 되었다. 그러나 나중에 어머니에게 장원의 문구가 조부를 욕한 것이라 듣고, 그때부터 하늘을 가려 삿갓을 썼다. 하루아침에 인생은 뒤바뀌었다. 그 죄책감에 얼마나 괴로워했을까? 그 양심에 관직을 떠나 떠돌이 생활로, 본처는 화병으로 죽었다. 가장으로서 아내와 자식들을 제대로 보살피지 못한 김삿갓, 그냥 실수라고 모르는 척하고 평범하게 살아 갈 수 없었을까? 사실 내가 김삿갓이라면 나도 그렇게 하였을 것이다. 가족들은 무슨 죄가 있어 그렇게 가난과 어렵게 살아야 했는지, 그런 면에서 정치적 권력을 빼앗아 가기 위하여 단종을 죽인 권력자들 정말 대조가 된다. 인도주의적인 감정과 평민사상에 기초하여 지배층에 대해서 강한 반항정신을 나타낸 그의 시는 서민들에게 폭발적인 사랑을 받았다. 그것이 김삿갓의 아픈 세월에 대한 보상인지도 모른다는 생각을 하였다.

맑은 공기와 물, 아름다운 자연이 있는 영월 이곳에 그런 슬픈 왕과 떠돌이 김삿갓의 비극적인 운명이 있었다는 것을 지금도 생각하면 내 가슴이 칼로 도려내듯 시렸다.

(『수필문학』 2011. 8)

작은 행복

나를 보고 "천천히 올라오세요." 한 아저씨는 내가 교통카드를 찍고 자리에 가서 앉은 후에 차를 움직인다. 그는 내리기 전에 내 쪽을 바라보며 "내리시려면 벨을 누르고, 차가 선 후에 천천히 내리세요."한다. 그때 마다 나는 "고맙습니다. 감사합니다."라고 말한다. 벨을 누르고 차가 서자 천천히 내렸다. 아저씨의 밝은 얼굴과 친절하고 부드러운 말씨가 기분을 좋게 만들어 주었다. 세상에 이렇게 친절한 아저씨는 처음 보았다. 대부분의 아저씨들은 차를 타자마자 떠나기 바쁘고 다 내리기도 전에 출발하기도 한다. 이렇게 편안하고 기분 좋게 이용을 해보기는 처음이었다.

몸이 불편한 사람들이나 나이 많은 어르신들은 참으로 위험하다. 아무리 신경 써서 뭔가를 잡으면서 조심조심 움직여도 넘어지거나 부딪혀 피멍이 들 때가 있다. 이 아저씨는 어쩌면 이렇게 친절하실까? 누군가 아저씨 버스에서 넘어져 크게 닥친 적이 있을까? 회사에서 교육을 잘 받아 그렇게 친절하신 걸까? 혹시 가정에 불편한 사람이라도 있을까? 아마도 원래 마음씨가 고운 사람일 거야. 혼자 생각이 많아진다.

사실 몸이 불편한 사람들이 타지 않으면 그만큼 부담도 없고 신경 쓰지 않아도 될 것이다. 배차시간에 쫓기다 보면 이런 저런 생각할 여유도 없을 것이다. 요즘 몸이 너무 아파서 염치불구하고 버스를 타고 다닌다. 보통 때는 사람들이 다니지 않는 곳을 골라 걸어 다닌다. 운동도 되고 여러 사람들을 불편하게 하지 않아서 좋다. 무심코 걷다가는 사람들에게 부딪혀 넘어질 수도 있고, 제때에 차를 피하기 힘들기 때문에 되도록 한적한 길을 택한다. 언제부터인가 내가 구석으로만 다니고 있다는 것을 알았다. 본능적으로 위험을 멀리하고 있었던 모양이다. 되도록 걸어 다니려고 하지만 버스나 지하철을 타야 할 때가 있다. 버스는 많이 흔들려서 지하철보다 위험하다. 그런데도 꼭 버스를 타야 할 때가 있기 마련이다.

몸이 불편한데도 나는 외출이 잦은 편이다. 장애가 없는 사람들처럼, 아니 그보다 더 많이 활동하고 싶은 게 나의 욕심이다. 하고 싶은 일, 배우고 싶은 것이 많아 가만히 앉아 있을 수 없다. 그날, 큰 맘 먹고 탄 버스였다. 비틀거리며 걸음을 옮길 생각에 잔뜩 긴장하고 있을 때, 뜻밖에도 부드러운 음성을 듣고 얼마나 행복했던가! 따뜻한 말 한마디, 웃음 띤 얼굴만으로 눈앞이 환해지는 느낌이었다. 살다보면 이처럼 기쁜 날도 있나보다. 세상이 조금씩이라도 좋은 쪽으로 변해가고 있는 걸까. 마음 아픈 일만 일어나는 요즘이었다. 이맘때면 절정에 달하는 자연의 아름다움에 눈 돌릴 틈도 없었다. 활짝 갠 하늘을 보며 모처럼 활짝 웃어본다.

버스에서 천천히 내려서 오는 동안 아저씨의 친절과 배려가 자꾸 영화 한 장면처럼 떠올라서 발걸음도 가볍고 세상이 아름답게 변한다는 것이 마음을 흐뭇하게 만들었다.

(『月刊文學』 2014. 10.)

함께 하는 공부

'어떤 일들이 생길까?' 설렘으로 집을 나선다. 오후 저녁 퇴근시간으로 지하철은 만원이다. 오고가고 하는 시간이 아깝고, 좀 힘들다. 그만큼 희생이 없이는 무엇을 얻기 바라는가? 신 교수님 강의도 재미있지만, 교수님은 인(人)·지(知)·예(禮)·심(心)을 예로 들어가면서 강의 시간에 "공부는 혼자 할 수 없는 것이라고 했다." "어질 인으로 같이 공부하는 사람들이 서로 가르쳐 주고 배워가면서 알아가고, 스승과 동료들에게 서로 예로 마음을 다하는 것"이라고 했다. 혼자 공부한 사람은 자기가 아는 것이 다 맞는나고 착각에 빠진다. 그리하여 다른 사람들에게 말과 행동으로 함부로 함으로써 상처를 주게 된다는 것이다. 그 말은 맞는 말이다. 어떻게 보면 옛날이 부럽다. 옛날에 스승님 그림자도 밟지 않는다고 했는데, 지금 스승님의 권위가 땅으로 떨어졌다. 또한 학생들끼리 왕따, 폭력으로 자살을 하는가 하면, 학생들과 스승님들과 서로 존경심도 잊어져 가고 있으니, 참으로 현실이 통곡할 지경이 되었다. 부모님들과 스승님들이 학생들을 올바른 길로 가도록 인도해야 한다.

여기에 와서 이 저녁시간에 한자 공부를 할 수 있는 학생들은 참으로 축복받은 사람들이다. 특히 나에게는 정말 행운이다. 만약에 그날그날 하루 먹고 살기 힘든 환경이라면 어떻게 와서 배울 수 있을까? 몸이 불편하거나 가난해서 기회를 놓쳐버리는 사람들은 수없이 많다. 이 세상에 정말 배우고 싶어도, 우리들이 상상도 못할 만큼 사각지대에서 살아가는 사람들이 많다는 것을 다른 사람들도 알까? 그나마 약자에게는 독해져야 살아갈 수 있는 세상이다. 그래서 혼자 독학으로 공부하여 검정고시를 쳐 대학에 가는 장애우를 여럿 보았다. 사실 다른 사람들과 경쟁심으로 공부하는 것은 아니다. 자기가 이 세상에 좀 편안하게, 좀 더 재미있고 보람되게 살아가기 위하여 공부하는 것이다. 사각지대에 있는 사람들에게 배울 수 있는 환경을 만들어주고 학원에서나 학교에서 무료로 가르쳐 이 세상에서 다른 사람들과 함께 어울려서 살아가게 할 때, 사회나 다른 사람, 본인도 서로가 이익이 되는 것이다. 그렇지만 열심히 하는 사람은 밀어주되, 결석이나 게으름 피우는 사람에게 그런 자격을 줄 수 없도록 해야 한다. 배우는 것은 누구에게나 평등으로 주어져야 한다. 단지 하고자 노력하는 사람에게는 말이다.

학원에 갈 돈이 없어 그냥 집에서 혼자 한자공부를 하였다. 몇 년 전부터 시작하였는데, 하지만 그것만 공부할 수 없었다. 일이 생기면 돈을 벌어야 했다. 또 책을 읽고 글을 쓰다가보니, 틈틈이 공부한다는 것은 결코 쉬운 일이 아니다. 그나마 한자를 천개나 넘게 외웠다.

오 교수님을 통하여 수필창작 공부를 하던 중에 고려대 평생교육 안내원 책자를 보았다. 저녁에 무료로 공개 강의로 화요일은 천자문과 수요일은 시경을 공부하게 되었다. 화요일은 대부분 아는 글자어서 복습하며, 혹시 의미나 모르는 것이 있으면 외운다. 더구나 손이 불편하다보니, 복습과 예습은 철저이 해야, 이해도 빨리 오고, 그만큼 필기를 안 해도 좋다. 그 시간은 교수님들의 강의를 집중적으로 머리 속해 집어넣는다. 그래도 잊어버리지만, 자꾸 듣고, 복습, 예습을 하다보면, 차츰차츰 더 많이 한자를 알아가겠지. 앞으로 100세 시대에 사람들은 죽을 때까지 도전하고 배우며 살아가야할 시대가 되었다. 그만큼 그 속에서 사는 보람과 기쁨을 느낀다. 사람은 능력이 있을 때, 다른 사람들에게 도움을 받지 않고, 오히려 다른 어려운 사람을 도울 수 있다.

여기에 오시는 분들은 대부분 젊은 사람들보다 노인들이 많다는 것에, 그것도 그곳에서 10년 넘게 배우고 계시다는 것에 정말 놀랍고, 존경스럽다. 그곳에서 좋은 교수님과 다른 사람들을 더 알게 되어 기쁘다. 이곳에서 함께 공부하는 것이 외롭지 않다. 그 시간들만큼은 정말 즐거운 시간들이다. 뜻이 있는 곳에 길이 있다고 한다. 신께서 이런 좋은 기회들을 주셔서 감사하다. 이런 기회를 주신 것도 나에게 또 다른 의미가 있을 것이다.

오늘은 무슨 한자를 배울까?, 교수님이 어떤 재미있는 강의와 이익이 되는 말씀을 해주실까? 하는 기대감으로 지하철에 몸을 싣는다.

(2013. 6. 4)

2

나는 백조다

재미있다

벌써 일한지 1년이 넘었다. 일하면서 재미있다는 것은 내 적성에 맞는다는 것인지도 모르겠다. 인테리어에 대해 일하다보니, 신기한 실내 장식들과 소품이 많았다. 내 방을 꾸밀 때도 도움이 많이 된다. 특히 좁은 공간을 잘 활용하는 지혜가 생겼다. 인테리어들을 보면서 나도 저렇게 꾸미고 싶다는 욕심도 생긴다. 또한 다른 집이나 커피전문점이나 음식점 등을 방문하면 테이블과 의자 등 전체적인 분위기와 조그마한 소품이라도 그냥 지나치지 않고 더 자세히 보게 된다. 직업은 속일 수 없나보다.

컴퓨터 사이트에 내가 작업을 한 것을 보고, 멋있다거나, 예쁘다거나 가지고 싶다는 등 올라오는 댓글들에 답변을 올려주면서 자신감이 생기고 왠지 기분이 좋다. 그런 것들을 하면서 사람들을 더 많이 알게 되었다. 사람들은 결코 혼자 살아가지 못하는 것이다. 또한 완벽한 사람도 없기 때문에 서로 어울리면서 살아가는 것이 즐겁고 보람이 있다. 아무튼 누구나 어느 곳에 소속해 있다는 것은 행복한 일이다. 많은 사람들이 직장을 다니면서 자신이 만든 상품이나 디자인들이 여러 곳에서 인정을 받으면 행복해 한다. 때로는 힘들고 지치지만 그래서 버틸 수 있는 것이라고 생각한다.

일하다가 알게 된 것은 북유럽에서는 가구들이나 그밖에 소품들을 사지 않는다고 한다. 할머니나, 어머니가 쓰던 것들을 대대로 물려받아 사용하고 있다. 그런 면에서 좋겠다는 생각을 한다. 어떤 것들은 물려받아 쓰기 때문에 테이블이나 의자 등, 여러 가구들이 페인트가 벗겨지거나 까지고 낡아 보이지만 그런 것이 오히려 소박하고, 아무 부담 없이 편안한 느낌으로 다가온다.

꼭 새것만이 좋은 것이 아닌 것을 배우게 되었다. 우리나라 사람들은 그런 것들을 사용한다면 창피하다고 부끄러워하거나 숨길 것이다. 여러 나라들의 실내 장식들과 소품들을 보면서 그 나라들의 풍속들을 알아가는 것도 재미있다.

몇 년 전 같이 직장에서 일한 분이 일을 소개시켜 주어서 이 일을 하게 되었다. 그때 그분은 같이 일하는 동안, 밖에 나가면 버려진 거울이나 나무들이나 그밖에 쓸 만한 물건들을 주어 와서 닦고 페인트로 다시 칠하거나, 나무들을 잘라서 망치로 못을 깡깡

박아 테이블을 만들어 사용하거나 거울은 예쁘게 페인트로 다시 칠하여 사무실 벽에 걸어두고 하였다. 그분 덕분에 사무실 안은 더 예쁘고 편안하게 꾸며지곤 했다. 그곳에서 남이 쓰다가 버려진 물건들을 주워서 다시 고쳐 재활용하는 모습에 나도 그렇게 해야지 하는 생각을 하였다. 나중에 알고 보니, 그분은 작은 아버지가 인테리어를 하고 있어, 작은 아버지를 자주 도와준다면서 인테리어에 관하여 많은 영향을 받은 것 같다. 결국에 다 이유가 있었다.

인테리어 작업을 하면서 빈 상자들을 버리지 않게 되었다. 좀 큰 상자는 옆으로 세워서 그곳에 책을 꽂아 놓기도 하고, 조그만 상자들은 작은 소품들을 담아 놓기도 한다. 일회용 투명한 컵이나 조그마한 병을 버리지 않고 연필꽂이나 꽃병으로 사용하고 있다. 또한 그것에 물을 담아서 구석에 몇 군데 놓아두면 습도 조절도 할 수 있다.

날들이 갈수록 책이 점점 많아지고 있다. 좁은 공간을 잘 이용해 책들을 잘 정리하게 되어 나에게 큰 이득이 되었다. 사람이 일을 할 수 있다는 것은 무척이나 행복한 일이다. 지금은 아무 부담이나 눈치 안보고 내 능력껏 판단하여 일할 수 있어서 정말 행복하다. 지금 일하고 있는 곳에서 계속 일 할 수 있을 것 같아 희망을 가져본다.

(2013. 9. 30)

나는 백조다

직업이 없는 여자를 백조라고 한다.

난 평생 직업이라고 생각하면서 정말 나의 일 같이 최선을 다해 직장생활을 하였다. 어느 날 갑자기 불러놓고 회사가 어려워 인원 감축해야 한다고 그만 나오라는 것이다. 그것도 바로 내일부터… 게다가 수원으로 발령 나게 되어 멀어서 못 다닌다는 사유의 사직서를 쓰고 실업급여를 타먹으라는 것이다. 돌아서 나오는데 뜨거운 눈물이 내린다. 사실 퇴직금 안 주려고, 생각하는 척하면서, 자진 사퇴서를 강요하는 샘이니, 더 기가 막혔다. 열심히 준비해 놓았더니, 역시 장애가 있어도 실력을 인정받아 일 할 수 있다는 사실에 그동안 정말 감격하고 행복했는데, 이제 또 어디 가서 일자리를 구할 수 있는가? 앞이 캄캄했다.

11개월 동안 행복한 시간들이었다. 불편한 몸으로 직업을 가져 일할 수 있다는 것과 즐겁게 일해 쓰고 싶은 것도 내가 벌어 쓰고, 부모님에게 많지는 않지만 용돈을 드릴 수 있다는 것이 흐뭇했다. 그나마 몇 푼이라도 저축할 수 있다는 보람도 있었다. 이젠 그 행복이 1년도 못 채우고 끝이 나고 말았다.

집에 있으니, 그 나름대로 행복하다. 피곤한 몸을 이끌고 직장에 다니지 않고, 늦잠도 마음껏 잘 수 있어 행복하다. 사실 난 피로가 많이 누적이 되어 있었다. 그렇다고 집에 있으면 누가 논다고 뭐라고 할 사람도 없으니 말이다. 육체가 건강하다면 식구들에게 눈치가 보이겠지만, 내가 일하기 싫어서 하지 않는 것도 아니고, 사회가 몸이 자유롭지 못한다는 차별로 취업을 할 수 없으니, 내 잘못은 아니다. 하지만 누가 눈치도 주지 않지만, 마음은 빨갛게 피멍이 들어있다.

또한 실업급여 다 타고나서, 부모님에 또 용돈을 타 써야 하는 입장이 마음이 아프다. "언제 우리나라도 육체가 불편한 사람도 직장에 마음껏 다닐 수 있는 날이 올까?" 난 직장을 구하고 싶어서 컴퓨터라는 도구를 배웠다. 불편한 오른손으로 자판을 빨리 치기는 꽤 힘든 과정이었다. 그것만 틈틈이 연습하는데도 10년이라는 세월이 흘렀다. 컴퓨터를 좀 더 깊이 배우기 위해서 웹마스터 2년이라는 과정을 배웠다. 그 결과 자격증을 5개까지 취득하였다. 주위 사람들은 그 불편한 몸으로 배워서 뭐하느냐고 비웃기도 했다. 불편한 손으로 일러스트를 하는데, 손이 잘 말이 듣지 않고,

남들 1시간 할 것을 난 4~5시간 걸리도록 했다. 때로는 손가락에 쥐가 나고, 다리는 빠져나갈 것 같이 긴장도 되었다. 어깨와 목에 근육이 뭉쳐 딱딱해져 부황을 뜨고 침도 맞으며 때로는 피를 뽑고 뜸을 뜨기도 했다.

거의 밤을 새우다 시피 하다 보니, 늘 피곤에 취해 있어서 몸살과 소화불량을 끼고 살았다. 피곤해서 다리는 더 꼬이고, 자꾸 넘어지고, 밤늦게 컴퓨터 공부를 하고 집으로 오면, 식구들은 나 잠든 시간에 나는 몸을 가눌 수 없어 힘들어서 울기도 하였다.

그렇게 직장을 마치고 난 뒤 취업도 못하고, 컴퓨터 보조강사를 하게 되었다. 그 기회로 하느님 보시기에 이렇게 열심히 다른 사람들을 위해 사는 것을 예쁘게 보시고 나에게 취업이라는 기회를 주신 것 같다. 내가 가르치던 학생이 사회적 기업에 회장으로 있다고 자기네 회사에 와 일 해달라는 것이었다. 난 너무 고마웠다. 그런데. 어느 날 갑자기 회사를 그만두라는 것이다. 그것도 장애인을 위한 사회적 기업이 말이다. 그 순간 열심히 일한 것에 배신감이 들었다. "사실 오죽해서 내 보낼까?" 생각도 하지만, 노동부에 고발하면 되는 일이지만, 그렇게까지 하고 싶지 않았다. 이 사회는 힘없는 사람이 대부분 힘 있는 이들에게 당하고 사는 것에 분노를 느끼지만, 어떻게 하겠는가? 이것이 현실인 걸 말이다.

밤에 자다가도 이런 현실에서 믿어지지 않아 벌떡 일어나기 수없이 했다. 이런 현실에서 내가 할 수 있는 일은 더욱더 열심히 노력하고 기도하면, 기회를 찾는 것이라 생각되었다.

일 주일에 세 번 정도는 운동삼아 평일 미사에 참례한다. 걸어서 가는 시간만 35분정도 걸린다. 운동도 되고, 미사에 참례하면서 마음을 정화도 시킬 수 있으니 1석 2조가 아닌가? 결국 난 몸과 마음을 다이어트를 할 수 있으니 그나마 감사하다. 집에서 큰 소리로 아침, 저녁 기도하고, 묵주기도 하면서, 내 마음을 다스리고 주님의 뜻이 무엇인지도 생각하면서, 때로는 투정도 부리고, 모든 것 의탁도 하면서 소리 내어 기도하므로써 발음치료도 할 수 있다. 성경책도 큰 소리로 읽고, 묵상도 하고, 성경 필사를 하면서 주님이 많은 것들을 도와주는 것 같다. 그것을 씀으로써 나에게 많은 변화가 생겼다.

컴퓨터를 하고, 책을 보고, 글을 쓰고 그러다가 보면 하루가 금방 간다. 그것들이 나에게 유익한 장난감이요, 친구들이다. 그런 것들을 할 수 있어서 그나마 다행이다. 주위에 부녀자들이 골목에 나와 수다들을 떨면서 동네 사람들 흉이나 본다. 그들에 비해 나는 그런 죄를 짓지 않아 다행이다. 그렇게 바쁘게 살다보니, 하루에 돈 쓸 일도 없고, 특히 무엇을 가지고 싶다는 생각도 없다. 몸이 불편해 밖에 나가는 것도 나이가 먹어가면서 싫어진다. 가끔씩 지루하거나 피곤하면 커피 한두 잔 마시는 것과 음료수 마시는 것이 전부다. 하루 종일 밥 세끼 먹을 수 있는 것에 감사하고 아직까지 부모님이 살아 계서 부모님 도움 받아 그나마 생활할 수 있어 행복하다. 물론 다른 비장애인들이 살아가는 모습을 보고 속상하고 괴롭지만 이것이 나의 운명인 걸 어떻게 하겠는가? 남들 비교하면 살지 못한다.

가끔 그냥 이렇게 글이나 쓰고, 책이나 읽고, 컴퓨터나 만지면서 편안히 살아가고 싶다는 생각을 한다. 그러나 언제까지 부모님에게 손을 벌일 수 없지 않은가? 기회가 있으면 또 취업을 해야 할 것이다. 혹시 글을 잘 써서 유명한 작가가 될 수도 있지 않을까? 난 지금 결코 가만히 놀고 있지 않다고 생각한다. 다른 사람들은 내가 자유롭지 못하기 때문에 아무것도 못하고, 천장만 쳐다보고 식충이처럼 밥만 축내고 있는지 알고 있다. 그렇게 생각하는 사람들이 너무 많은 현실이 나를 슬프게 만든다.

요즘 젊은 사람들이 실업자가 꽤 많다고 한다. 그들 중에는 더러 놀려 다니거나, 쇼핑하거나 남들과 비교하거나, 그렇게 시간들을 낭비하면서 일하지 않고 거저 돈 벌라고 그야말로 허송세월을 하는 사람들이 있다. 만약에 내가 건강하다면, 파출부나 막노동이라도 해서 돈을 벌고 싶다. 요즘 젊은이들은 힘든 일을 안 하려고 한다. 그들은 육체가 건강한 것이 얼마나 행복인지 모르는 것 같아 안타깝다. 나는 몸이 불편한지라 백조이면서 그런 것들을 안 해 천만 다행이다.

나는 몸과 마음을 상처받은 아름다운 백조라고 생각한다. 지금은 도약을 꿈꾸면서 백조가 날개를 활짝 펴고 바깥세상으로 탈출할 준비를 하고 있다.

앞날은 아무도 모르는 일이다. (2010. 5. 8.)

우산을 받혀주는 사람

병원에서 진료를 받고 나오는데 빗방울이 조금씩 떨어지고 있다. 옷이 젖지는 않을 정도였다. 우산을 가지고 나온다는 것을 깜박 잊고 그냥 나왔다. 지하철을 타고 와 승강기에서 내리니, 빗발이 굵어졌다. 그냥 몇 발작 걷는데, 승강기에 같이 탔던 젊은 여자가 나에게 우산을 받혀주었다. 괜찮다고 해도 먼저 가지 않는다. 집이 어디냐고 하면서 집까지 데려다주었다. 그것도 불편한 다리 때문에 빨리 걷지도 못하는 나를. 내 걸음에 맞추어 걸으니, 얼마나 힘들었을까? 같이 우산을 쓰고 오면서 왜 이렇게 마음이 불편하고 미안한지 모르겠다. 나 하나 때문에 일부러 길을 돌아서 자기 집에 가는 것이었다. 이런 마음 씀씀이를 가지고 있는 젊은이가 고맙다 못해 놀라웠다.

요즘 세상에 이렇게 배려 많은 젊은이가 있다니, 가슴이 따뜻해왔다. 덕분에 비 한 방울도 맞지 않고 올 수 있었다. 그 순간 신께서 나를 사랑한다는 것을 또 느끼겠다.

요즈음 사람들에게 상처를 많이 받아서 몹쓸 병에 걸리고 싶기도 했다. 이런 고마운 사람을 보니, 사람들에게 상처를 받아 미워하는 마음을 잊어버리고 더 밝은 모습으로 살라고, 내 마음을 아시고 하느님께서 보내주시는 선물인 것 같았다. 점점 더 굵어지는 빗발을 보면서 하느님께 회개했다. 이렇게 좋은 사람이 있는 세상을 저주한 것이 죄송했다. 상처받고 미워하는 마음대신 나도 누군가에게 도움을 줄 수 있는 길을 찾아 볼 일이다.

대문을 들어 설 때까지 우산을 받혀주고 돌아서는 그 여인의 뒷모습이 아름다웠다.

(2015. 9. 19)

견딜만한 시련

기다리는 날들은 왜 이렇게 안 가는지 모르겠다.

작년 7월 4일, 2년에 한 번씩 하는 건강검진을 받았다. 얼마 후 혹시 유방암일지도 모르니, 확대 촬영과 초음파 검사를 받아야 한다고 연락이 왔다. 설마 아니겠지! 하면서도 불안했다. 당장 가서 검사를 받아야 불안한 것이 좀 풀릴 것 같았다. 예약을 하고 검사를 하고 결과를 확인하는데 꽤 절차가 복잡하고 오래 걸렸다. "괜찮을 거다., 혹시 암이라도 네가 지금까지 힘들게 다 극복하면서 살아왔는데, 뭘 그까짓 암 너는 극복할 수 있어! 너무 걱정하지 마"라는 엄마의 말씀이 마음을 더 아프게 했다.

의사 말로는 결과가 100%에서 10%가 암일 가능성이 있다는 것이었다. 그 순간 마음이 좀 놓였다. 혹시 모르니, 조직검사를 받아보자고 했다. 조직검사하고, 압박붕대로 가슴을 감아 무더운 여름날 샤워도 못하고 땀띠가 나고, 부르트기까지 했다. 얼마 후 조직검사 결과에서 상피내암 0기라고 수술을 해야 한다고 했다.

설마가 사람 잡는다더니, 내가 암이라니 믿을 수 없었다. 부정할 수 없는 현실을 빨리 받아들여야 했다. 초기라 다행인지도 모르겠다. 신께서 너는 아직 더 살아야 한다고 하시는 것 같다. 때로는 살아오면서 수없이 세상과 끊어버리고 싶었다. 그나마 죽을 용기가 없어서 살아가는지도 모르겠다. 막상 암이라고 하니 두렵고 무섭다. 운명은 자기 뜻대로 하지 못하는 신의 뜻이다. 장애를 가진 사람은 40대 정도가 되면 노인과 다름없다고 한 말이 생각난다. 그래 나도 이렇게 세월 속에 나이가 먹었구나! 물론 일반인보다 노화가 빨리 오겠지!

병원에 입원하니, 옆 침대에 30대 아주머니가 유방암 3기 수술을 하여 한 쪽을 다 제거하느냐?, 아니면 보건수술을 하느냐 고민 중이었다. 혹시 보건수술을 하고, 재발하면 또 수술하느니 다 제거하는 것이 났다고 생각하면서도 이런저런 고민으로 잠을 못자고 울고 있었다. 의사 말로는 보건수술을 하자고 한단다. 그런 모습을 보며, 나도 눈시울이 뜨거워졌다. 그 사람에게 비하면 내 경우는 암도 아니었다. 그분은 지금 어떻게 되었는지 궁금하다.

수술을 하고, 생각보다 빨리, 다음날 아침에 퇴원을 하였다. 병실에 같이 있던 환자들이 빨리 퇴원한다고 부러워 했다. 그분들을 보니, 내가 먼저 퇴원하는 것이 미안했다.

수술을 하고, 약을 먹고, 바르고 하면서 한 달 후 방사선 치료를 25일간 3,5분 받았다. 그것을 받는 동안 자꾸 늘어지고, 피곤하고, 신경이 날카로워졌다. 입맛도 없었다. 수술보다 방사선 치료받는 것이 더 힘들었다. 호르몬 약도 먹어서 살이 찌곤 했다. 그렇지 않아도 살을 빼고 있는 중이었는데 결국 헛수고가 되고 말았다. 건강을 위하여 운동은 계속할 것이다.

동병상련(同病相憐)이라 했던가? 병원에 오고가면서 많은 유방암 환자들을 만나 이야기 나누면서 서로가 힘이 많이 되었다. 어떤 분은 3기인데, 내가 0기라고 말하니 무척이나 부러워했다. 0기는 재발 가능성이 거의 없다고 했다. 상피내암은 보기보다 순한 암이라고 한다. 의사말로는 전혀 재발 안 된다고 보장을 할 수는 없단다. 그냥 하루하루 즐거운 마음으로 살아가라고 한다.

내 몸 속에 암이 존재한다는 그 자체가 싫고 불안하다. 나만 아프다고 생각했는데, 병원에 와보니, 정말 아픈 사람들이 많았다. 그나마 0기라 항암치료 안 받는 것이 다행이다. 내가 그것을 받았다면 견디지 못했을 것이다. 더구나 나는 비위가 약하다. 어쩜 신께서 시련을 견딜 수 있을 만큼 주시는 것 같았다. 만약에 건강검진을 받지 않았다면 병이 더 커지고 말았을 것이다. 그나마 건강검진을 빨리 받아서 나를 살렸다. 그만큼 의학 의술이 발달하여 초기에 발견하여 완치가 되어, 새로운 삶을 살아가는 사람들이 많다고 한다. 환자들에게 얼마나 반가운 소식인가?

한편으로는 부모님께 말할 수 없이 미안하고 죄송했다. 그냥 집에서 백조로 지내는데, 도와드리지는 못할망정 치료비에, 걱정에, 병간호까지 하시는 것을 생각하면 내 가슴이 메어졌다. 더구나 엄마는 "네가 어떻게 살아왔는데, 지금 암이 아니더라도 무척이나 힘들게 살아왔는데, 하느님도 무심하시지?" 그 말에 난 돌아서서 울고 말았다. '엄마 신께서 우리가 모르는 다른 뜻이 있겠지요?'하고 마음을 강하게 먹었다.

지난 하반기는 투병생활로 아깝게 나날들을 보냈다. 지금은 언제 암에 걸렸는지 모를 정도로 잘 활동을 하고 있다. 새로운 삶으로 꿈을 위해 도전을 하고 있다.

지난날들을 생각하면 나에게 문제가 많았다. 내 자신을 사랑하지 못하였다. 사회와 사람들을 원망하고, 미워하고, 욕심부리고 생활 속에 수많은 스트레스와 늘 피곤한 몸을 끌고 다녔다. 힘들어도 참는 것만이 다라고 다짐하면서 생활을 하였다. 정상인들에게 때로는 주눅이 들어 내 자신이 무척이나 못나 보였다. 운동부족도 크게 한 몫 하였는지도 모르겠다.

이제는 나의 마음 비우고, 누가 뭐라고 해도 그러거나 말거나 넓은 마음으로 아파하지 말고 넘어가기로 했다. 힘들면 좀 쉬어가기도 하고, 잠도 많이 자야겠다. 운동(헬스 자전거, 건기, 스트레칭)도 열심히 하고, 야채 과일도 많이 먹어야겠다. 돈 버는 것도 이젠 손을 놓았다. 지금 당장 굶어 죽지 않으니, 돈 벌 기회가 되면 또 벌어야 하겠지만, 그렇게 괴로워하지 않기로 하였다. 주어진 생활 속에 내 자신을 사랑하고, 긍정적으로 재미있게 살아야겠다. 앞날은 아무도 모르는 일이다.

사람이 살아가는 것은 누구나 시한부 인생이다.

신이 주신 생명의 소중한 선물을 아름답게 가꾸어 가야 한다.

신이 부르시는 날까지.

(2012. 8. 1.)

(2012년 수필문학추천작가회동인지)

갑질

요즘 자주 점심을 사라고 한다. 음료수까지 사라고 한다. 개인적인 심부름까지 다 시킨다. 내 불편한 다리와 손 때문에 커피를 타 들고 다니기 힘든데, 커피도 타서 받치라고 한다. 나에게 일을 시키고 자기는 스마트폰만 만지작거리다가 퇴근시간이 되면 총알같이 나간다.

어느 날은 먼저 집에 가면서 일 다 해놓고, 자기가 먹은 머그잔까지 씻어놓고 가라고 한다. 그런 모습들이 정말 얄밉다. 아무리 내가 근로지원자라고 하지만, 자기가 할 수 있는 일은 자기가 해야 하는 것 아닌가? 일하다 이렇게 좀 해 달라고 하면 화를 내면서 자기가 일 다 한다고 배짱을 부린다. 결국 하지도 못하면서 말이다. 아무리 손과 언어장애가 심하다고 하지만 너무한다. 어떤 때는 아무리 잘 들으려고 노력해도 말을 못 알아들어 힘들 때가 많다. 때로는 써달라고 하면 또 화를 낸다. 나보고 어떻게 하라고 하는 것인지 모르겠다. 일은 다 남에게 시키고 그러면 자기만 손해다. 결국 일을 배울 수 있는 기회를 놓치는 것이다. 이럴 때 팀장이나 소장이 충고를 주어야하지 않는가? 그래 참자! 참자! 마음을 다스린다. 이런 것이 을의 서러움이다.

그러다가 화가 나서 나도 모르게 결국 폭발하여, 그 동안 있었던 기분 나쁜 일들을 다 털어 놓았다. 그리고 밖으로 나와 버렸다. 집에와 한참을 울다가 이런저런 생각에 잠을 이루지 못했다. 마음 같아서는 그만두고 싶었는데. 그만두면 어떻게 살아갈 것인가? 결국 다음날 아파서 일어나지 못했다. 그리고 그 다음 날, 가서 내가 먼저 사과하고 말았다.

갑은 갑질을 하고 을은 어쩔 수 없이 참아야만 하는 세상이다. 내가 좀 참을 걸, 후회도 해본다. 어디 내 마음에 맞는 직장이 있을까? 아버지가 한 가정을 이끌어가기 위해 참고 견디었던 것처럼, 세상 사람들 모두가 이렇게 참으면서 살아가는 것이 인생사인지도 모른다. 힘들다고 기분 나쁘다고 일을 그만 두는 것도 자기 자신과의 싸움에서 지는 것이다.

그래, 너 마음대로 갑질해라, 을이 얼마든지 받아줄게!

(2016. 4. 9.)

잡초인생

불행하고 아픈 것이 욕심과 교만 때문은 아닐까. 여름이 채 끝나지 않았는지 밥맛이 없고 여기저기 아프다. 주위 사람들로 인해 화나는 일이 많아 다투기까지 했다. 죄를 지은 것 같아 우울했다. 그럴 때 당고개 성지에 갔다. 고백성사를 하고 기분전환도 하고 싶어서였다. 신부님께서 미사시간에 잡초에 관한 이야기를 해주셨다. 잡초는 아무도 눈여겨보지 않는다. 짓밟히고 상처받고 납작해져 땅에 드러눕는 일이 허다하다. 뿐만 아니라 언제 뽑혀서 한 많은 세상과 하직하게 될지 모를 운명이나. 그런 운명을 잡초는 탓하지 않는다. 준비나 하고 있었다는 듯 받아들인다. 상처를 추스르고 다시 일어나는 법을 배우고, 뽑히면서 씨를 떨구어 다음 생을 기약한다.

신부님의 말씀을 듣고 있는 동안 마음이 가라앉았다. 새로운 힘이 솟아나는 것 같았다. 사람들이 비웃고 멸시할 테면 하라고 해라. 나는 묵묵히 나의 길을 가리라. 아프게 하고 상처를 주어도 참으리라! 왜 이런 대접을 받아야 하는가 하고 생각하는 것을 그만 두자. 그것이 교만인지 모른다. 더 좋은 대접을 받고 싶다는 욕심 때문에 더 괴로운 것은 아닐까. 이것들을 내려놓으면 숨쉬기가 더 편해질 것이다. 다른 사람들로 인해 마음이 상하면 결국 아픈 건 나 자신이다. 혼자 아파하는 것을 그만두어야한다. 잡초는 장미나 백합처럼 다른 사람의 보살핌을 받지 않고 홀로 사는 법을 안다. 혼자 모든 것을 해낸다는 것이 얼마나 대단한가. 한눈팔지 않고 자신의 삶에 집중하고 생을 이어가는 강인함이야말로 내가 추구해야할 그 무엇이 아닐까. 이런 생각들이 떠올라 마음이 벅찼다.

나는 이미 잡초처럼 살아왔는지 모른다. 폭풍에 휘말려 뿌리째 뽑혀 버릴뻔한 적도 있었지만 살아남았고 더 단단해졌다. 참고 또 참는 동안 사는 게 고통스럽지만은 않다는 것도 알게 됐다. 변함없이 나를 아껴주는 가족이 있고 큰 사랑으로 감싸주는 주님이 계시다. 모든 것을 놓아버리고 싶다는 생각을 하는 이가 나뿐이겠는가. 어떤 경우에도 생을 포기하면 안 된다고 신부님이 말씀하셨다. 모든 것을 넓게 생각하고 멀리 보아야 한다고 하셨다. 어쩌면 이 세상의 주인은 잡초인지 모른다. 가장 낮은 곳에서 오래도록 살아남아 퍼내어도 마르지 않는 생명의 샘물처럼 세상을 적셔주고 기름지게 해주는 갸륵한 주인이 아닐까.

당고개 성지에서 잡초에 관한 신부님의 말씀을 듣고 희망의 씨앗을 마음속에 심었다. 그 싹을 틔워 잘 키워 내리라 다짐한다. 잘 자라다가도 기운을 잃고 아프기도 할 나의 풀꽃, 힘들어도 고통을 이겨 나가리라는 믿음을 가져본다. 장미도 백합도 아니지만 보석처럼 아름답고 매혹적인 꽃을 피울 날도 기대해본다. 너무 힘들어서 더 이상 버틸 수 없다고 느낄 때, 한 발도 더 나아갈 수 없을 것 같던 곳에서 뜻밖의 선물을 발견했다. 슬픔과 고통 속에서도 묵묵히 이 길을 가야하는 까닭인가보다. 가끔씩 힘들고 속상할 때, 혼자서 성지로 가는 것도 좋은 것 같다.

신부님의 잡초에 대한 말씀이 위안과 살아가는 지혜를 주신 참된 하루였다. (2014. 9. 13.)

양말 네 켤레

지친 몸으로 집에 돌아와 보니 컴퓨터 책상 위에 양말 네 켤레가 가지런히 놓여 있다.

양말을 본 순간 어머니가 사다 주셨다는 생각에 거실로 갔다.

"엄마 양말 정말 고마워요?" 하고 말했다.

뭐가 고맙냐고 하시는 어머니!

오늘 따라 새삼 어머니에 대한 고마움이 더욱 강하게 내 가슴에 다가온다!

나도 언제 철이 들려는지 모르겠다!

늘 부족한 것 있으면 딸을 위해 사다가 챙겨 놓으시는 어머니!

지금쯤 식구들을 보살펴야 할 나이다.

그럼에도 불구하고 어머니가 내 나이에 맞지 않게 양말까지 사다주신다.

3남매 중에 하나밖에 없는 딸, 그 중에 나는 어머니에게 가장 아픈 손가락이다!

사실 몇 달 전부터 양말이 헤져서 양말 좀 사야지 하는 생각을 하였다.

길거리에 오고가며 1,000원짜리 몇 켤레 사면 1년 동안 신는다.

아침에 나가면 별을 보며 돌아와 쓰러져 자기가 바쁘다.

그래서 양말 좀 사야지 하면서도 못 사고 있었다.

이 나이 되도록 직업도 없이 "컴퓨터 배우면 무엇을 할 수 있을까?" 하는 생각에 늦게 시작한 공부 때문에 공부한다고 아무것도 안하고 공부에만 매달리고 있다.

손에 장애가 있어 그래픽 공부하는데 남들 한두 시간 할 걸 나는 하루 종일 걸릴 때도 있다.

그래서 늘 잠도 제대로 못자고 컴퓨터와 책과 씨름하고 있다.

그리고 계속 자격증시험, 컴퓨터대회, 공모전들이 있어 정신없다!

그런 모습을 보면서 딸이 성실하게 다른 사람들보다 몇 배 노력하면서 살아가는 모습에 늘 마음 아파하시는 어머니.

토요일이나 일요일에 잠깐 나가서라도 양말 몇 켤레 사오면 되는데 지쳐서 나가기도 싫었다.

휴일에 푹 잠자고 싶은데, 그것도 아니고, 계속 컴퓨터에만 몰두

하고 있었다.

일상생활 속에 가야 할 곳도 볼일 볼 일들도 꽤 많다.

아침에 나가서 피곤해 파김치가 되어 집에 돌아 올 때 나의 불편한 다리는 더욱 비틀리고 넘어지고, 때로는 그냥 길거리에 주저앉고 싶을 때가 많다.

때로는 집에 돌아와 너무 힘들어 펑펑 울 때도 있다.

가끔 "다른 정상인들도 이렇게 힘들까?"하는 생각을 한다.

피곤하거나 몸이 안 좋으면 더욱더 나의 다리와 말이 더 잘 안 된다. 의사 말로는 너무 과로하지 말라고 하지만, 몇 배 노력해도 세상에 살아남긴 힘든 현실이 나를 슬프게 한다.

때로는 이런 생각도 많이 한다.

무엇을 사러갈 것이 있거나, 볼일이 있을 때, 누가 내 불편한 다리대신 해 주었으면 하는 생각들을 많이 한다.

나의 말과 손과 다리, 그런 모든 행동이 보통 사람 배 이상이나 열량 소묘와 힘이 들어간다.

그런 경험이 없었다면, 어머니가 사다주신 양말이 늘 당연하게 생각되었을 것이다.

이런 아픔들이 나를 더욱더 성숙하게 만들고 있다.

늘 불편한 딸을 위해 아낌없이 해주시는 나의 어머니, 나는 몸이 불편 하다는 이유로, 늘 바쁘다는 이유로 어머니에게서 받기만 해왔다. 그것이 나의 가슴에 못이 되어 박힌다.

나의 어머니는 우리 집 가정부가 아닌데, 시집 와 식구들 위해 가정부 같이 살아온 어머니, 그런 마음이 들어 항상 죄인 같다.

시간이 있어 어머니와 차도 같이 마시고, 이야기도 많이 하고, 내가 식사도 준비해 드리고 싶고, 집안 청소도 빨래도 미리 해 놓고 싶은데 언제 그럴 수 있을는지.

컴퓨터 교육이 끝나고 좀 여유가 생길까?

아니 어쩜 컴퓨터 교육이 끝나고 나면, 내가 할 수 있는 일이 생겨서 더 바빠질지 몰라!

내가 일이 생겨 돈이라도 벌게 되면, 더욱더 좋아하실 나의 어머니.

미루다가 보면 아무것도 못해 드릴 것 같은 기분이 든다.

돈으로 좋은 것은 사 드리지 못하지만, 하루에 한두 시간이라도 시간을 내어 어머니와 같이 차를 마시거나, 이야기 하거나, 저녁이라도 같이 만들어 먹어야겠다.

어머니가 건강하게 내 곁에 살아 계시다는 것에 정말 감사한다!

나를 위해 내가 필요한 것은 미리 챙겨 주시는 나의 어머니.

컴퓨터 책상 위에 놓인 양말들을 옷장 서랍에 넣고, 눈을 때지 못한다.

그 양말이 마치 로또복권이라도 맞춘 기분이다!

(2005. 10. 29)

은행잎

쌀쌀한 바람에 은행잎들이 춤을 추면서 내려온다. 저마다 다른 몸짓으로 와 땅위에서 커다란 황금 카펫으로 합쳐진다. 등불처럼 세상을 밝히던 나무 위의 시간을 되새김하는 듯 몸을 뒤척인다.

밤새 비가 내렸다. 울고 난 사람처럼 푸석하게 젖은 잎들이 무심한 사람들 발길에 짓밟힌다. 으깨지고 더럽혀져 마지막 길을 가는 은행잎이 가엾다. 잎에도 영혼이 있다면, 깨끗하고 온전한 몸으로 떠나고 싶을 것이다.

봄바람에 반짝 눈을 뜨고 세상을 볼 때 얼마나 설렜던가. 길고 뜨거운 여름의 낮과 태풍이 휘몰아치던 밤들은 얼마나 두려웠던가. 날카로운 바늘처럼 별빛이 내리꽂히던 가을의 밤풍경은 또 얼마나 아름다웠던가. 붉은 빛으로 타오르는 벚나무와 단풍나무의

잎을 보며 그보다 더 고운 빛으로 그림을 완성하려고 해를 향해 미소 짓던 시간도 풍요로웠다. 한바탕의 꿈과 같은 삶을 끝내고 돌아가는 길, 사람의 인생과 다르지 않아서 쓸쓸하다.

사람이 죽어서 마지막으로 떠나는 모습을 보면 그가 얼마나 잘 살았는지 알 수 있다고 한다. 얼마나 많은 이들이 진심으로 이별을 슬퍼하는가가 그가 살아있을 때 어땠는가, 얼마나 성실하게 살았는가를 짐작할 수 있게 한다. 떠나고 난 뒤에 사람들이 무슨 생각을 하든 대수로울 게 무엇이랴. 하루하루 살아가는 일이 힘에 부쳐 냉소적으로 되다가도 뒤에 남을 사랑하는 사람의 얼굴을 하나하나 떠올리다보면 그들의 마음속에 아름다운 그림으로 남고 싶다는 간절한 소망을 갖게 된다.

지난날을 돌아보면 그렇게 살아오지 못한 것 같다. 많이 참으면서 살아왔다고 생각하지만 사람들에게 상처를 준 적이 많았다. 참고 또 참자 주문을 외어보지만 끝까지 견디지 못하고 화를 내고 만다. 언제쯤 철이 들까? 그런 것이 있기는 한 걸까. 요즘 들어 화를 내고 나서 가슴을 치는 일이 부쩍 늘었다. 세상이 변하기를 바라지 말고 스스로 변해야 하는데 말이다.

은행잎의 가엾은 최후를 보면서 자꾸만 마음이 가라앉는다.

(2014. 11. 15)

꽃

이 세상에 꽃을 싫어하는 사람은 없을 것이다.

여자라면 한 번쯤 누군가에게 꽃다발을 받기 원한다. 그것도 모자라 꽃다발을 받은 사람을 보고 부러워하기도 한다.

레지오* 회합 때 일주일 중에 우리 팀이 마지막 회합이기 때문에 회합이 끝나면 꽃병들을 부숴놓는다. 시들지 않은 꽃들은 단원들과 같이 나누어 가지고 간다.

다른 단원 두세 분은 꽃을 가져가지 않는다. 귀찮다고, 시들어 버리면 그냥 쓰레기가 되어 버리는 것이 싫다는 것이다. 나도 그것에 동감한다. 옛날 같으면 얼씨구나 좋다고 가지고 왔을 것이

---

* 레지오 : 성당에서 레지오는 물질적 봉사 없이, 기도와 육체로 봉사하면서 자기 자신과 다른 사람들의 마음을 성화시키는 데 있다.

다. 지금은 아무리 아름다운 꽃이라도 거저 준다고 해도 그렇게 반갑지 않다. 혹시 화분이면 몰라도 말이다. '이런 것들이 나이가 먹는다는 증거인가?' 생각하면 참으로 서글퍼진다. 하루하루 바쁜 생활에 그런 것에 신경을 쓸 여유가 없다. 피곤해 그 시간에 잠이나 더 자고 싶다는 생각뿐이다.

나라는 사람도 꽃을 꽤 좋아한다. 내 방에 화분을 네 개나 키우고 있다. 물을 제때에 맞추어 주고, 이파리을 닦아 준다. 하루하루 다르게 무럭무럭 자라고 있다. 얼마 전 스파트필름에서 하얀 꽃이 피었다. 꽃을 보니, 키우는 보람만이 아니라 뭔 없이 기른다. 이 기쁨 마음을 다른 사람들도 느끼겠지? 꽃다발은 절대로 안 산다. 화분을 사거나, 누군가에게 꽃을 선물해도 화분으로 한다. 오래 갈 수 있고 키우는 재미도 있다. 우울증에도 좋다고 한다. 꽃다발은 금방 시들어버려 아깝다는 생각이 든다. 가끔 혼자 외롭게 사는 사람들이나 환자에게는 조그마한 화분을 사 간다. 그들에게 조그마한 화분이라도 보면서 외로움과 아픔을 조금만이라도 잊기 위해서이다.

몇 번 다른 단원들에게 더 가지고 가라고 다 주어버렸다. 사실 꽃은 예쁜데, 그러다가 나도 욕심이 생겨서 가져와, 방안에 꽂으니 향기도 나고 꽃들이 아름다워 내 방이 달라 보였다. 꽃을 보기 위해서는 그만큼 노력과 대가가 있어야 하는가 보다. 세상은 공짜가 없는 것 같다.

사실 다른 사람들은 돈을 주고 사서 꽃을 보는데, 그냥 주어도 싫다는 심보가 무엇인가? 사실 매일 내 방에 꽃이 있다는 것이 얼마나 행복한 일인가? 그것도 성모상 옆에 꽃을 놓아두니 성모님도 좋아하실 것 같다.

성전에서 흙 장미를 가지고 나오는데, 아는 자매님이 예쁘다고 한다. 마침 자주 차를 얻어 타고 해서 미안했는데, 꽃을 반으로 뚝 떼어 주었다. 또 다른 자매님이 "어머 이 예쁜 장미 어디서 났어요."하는 바람에 그 꽃들마저 주었다. 그분들이 좋아서 웃는 모습을 보며 내 발걸음은 가벼웠다. 다음 주에 또 생기는데 뭘, 집에는 아직 노란 소 국화들이 시들지 않고 웃고 있었다. 국화가 이렇게 오래가는 줄 몰랐다.

가만히 생각하니, 좀 여유 있게 꽃도 보고 마음도 아름답게 다스리면서 살아가라고 주신 주님의 특별한 선물인 것 같다. 공짜로 얻어 매일 꽃을 볼 수 있다는 사실을 다른 이들은 부러워할 일이다. 나의 행복을 모르고 귀찮다고 불평만 했다.

아마도 꽃을 싫어하는 사람은 없을 것 같다. 나의 착각인지도 모르지만 말이다.

(2012. 10. 20.)

아이비

기분도 우울하고 방에만 있다보니, 답답한 생각이 들었다. 조그마한 화분을 키우고 싶었다. 인터넷을 찾아보니 공기정화에도 좋고 비염이 있는 아이들에게도 좋다고 한다.

엄마의 심부름으로 새마을금고에 갔는데, 그 앞에서 트럭 화분장사가 있었다. 마침 아이비 모종을 팔고 있었다. 이때가 기회라고 생각하고 3개에 5,000원 주고 사왔다. 동생네 가족들이 비염이 있어서 다들 고생들 한다. 그것들을 키우다가 동생네로 하나씩 시집을 보냈다. 하나는 내 방 책상 옆 창문에 놓아두었는데 잘 자라고 있다. 매일 아침마다 스프레이로 물을 뿌려준다. 하루하루 자라는 것이 신기하다. 식물이 습도조절을 해준다. 컴퓨터를 하거나 책을 보다가 지루하면 가끔씩 쳐다보니 재미가 쏠쏠하다.

줄기가 자라면 10㎝정도 잘라서 앞에 잎만 몇 장 남기고 물에 꽂아두었다가 뿌리가 나오면 화분에 옮겨 심으며 번식을 시킨다. 그러나 줄기에 독성이 있어서 장갑을 끼고 자르는 것이 좋다. 덩굴 식물로 3m까지 자란다. 그냥 줄기를 물병에 꽂아 두어도 잘 자란다. 아이비는 인테리어로 키우기에 좋고 쉽게 잘 자라서 좋다. 과연 내 옆에 있는 것을 죽이기 않고 잘 키울 수 있을지 걱정이 된다. 2주 동안 꽤 자라서 4개의 가지를 잘라서 주스 병에 꽂아 두었다. 우선 뿌리가 나면 거실, 안방, 주방 등에 패티병을 잘라서 화분으로 만들어 심을 것이다. 더 많이 자라면 다른 사람들에게 선물로 주어도 좋을 것 같다.

어디에 가든 식물이 있는 것이 좋다. 녹색 식물은 혈압, 맥박, 심장 등에 좋고 눈의 피로를 줄이는데 매우 효과적이다. 식물을 보는 것만으로도 정신적으로 안정을 가져온다. 아이비의 꽃말은 '행운을 함께하는 사랑'이라고 한다. 이 꽃말처럼 다른 사람에게 행운을 가져다주는 사랑을 전하는 사람이 되고 싶다.

(2015. 5. 28.)

3

모처럼의 여유

아침에 사무실에 오면

아침에 사무실에 오면, 나를 반기는 것들이 있다. 그들은 나를 보고 환하게 웃는다. 그 순간 여기까지 오면서 넘어질 뻔하고, 사람들의 따가운 눈초리와 불필요한 관심들이 속상했는데, 그것들을 보는 순간 다 잊는다. 덩달아 기분도 좋아진다.

이 사무실로 이사를 온 후 인터넷으로 조그마한 화분에 든 모종들을 6개 골라 주문을 하였다. 그것들을 사가지고 사무실로 오면 힘들텐데, 책상에 앉아 인터넷으로 주문하니 며칠이 지나자 배달되었다. 화분에 있는 흙이 쏟아지지 않게 비닐에 넣어 묶고, 그리고 신문지로 싸서, 박스에 담겨져 왔다. 아주 싱싱했다. 가만히 앉아서, 주문만 하면 오니, 얼마나 편하고 좋은 세상인가? 그 모종들은 산세베리아, 꽃기린, 스파트필름, 산수화, 천양금, 줄리아 페페이었다. 나는 그 모종들을 보기 좋게 배치해 놓았다.

옛날 사무실은 너무 어둡고, 햇빛이 전혀 들어오지 않았는데, 새로 이사 온 곳은 주택가에 있어서 조용한 것도 좋은 점이다. 사무실은 아주 햇빛이 잘 든다. 사무실이 너무 환해서 천국 같은 기분이 들고 마음도 밝아지는 것 같았다. 사람들은 햇빛을 보고 살아야 한다는 것을 이번 기회에 절실히 느꼈다. 사무실에 화분이 없는 것보다 있는 것이 훨씬 나았다.

아침에 오면 그들과 인사를 하고, 매일 불편한 다리로 돌아다니면서 때로는 넘어질 뻔하고, 불편한 손 때문에 화분도 쓰러 뜨려 쏟기도 하지만, 그래서 또 넘어 뜨러 다칠까봐, 더욱더 조심스럽게 움직이면서 정성껏 분무기로 물을 뿌려준다. 비록 움직이는데, 불편하지만, 늘 그랬던 것처럼 나의 불편함에 대하여 익숙해 일상생활이 되어버렸다. 하루하루가 다르게 자라는 모습에 사무실 사람들은 잘 크네, 다들 한 마디씩 하는 것이었다.

너무 잘 커서 큰 화분으로 분갈이를 해 주었다. 그런데, 줄리아 페페는 물을 너무 많이 주어서인지 썩기 시작하더니 그만 죽고 말았다. 그것은 이파리가 너무 예뻐서 신경 많이 썼건만 명이 그것밖에 안되는지, 죽어서 마음이 아팠다. 이 조그만 것도 그렇게 신경을 썼는데도 죽는데, 정상인도 아닌, 나를 키우신 어머니 생각을 하니 가슴이 뭉클해진다.

일하다가 지칠 때 그것들을 보면 힘든 것이 사라진다. 스파트필름은 꽤 많이 자라서 하얀 꽃을 피워 환하게 웃는 모습에 나도 따라 웃는다. 그리고 사장님께서 큰 화분을 다섯 개나 더 갖다 놓으셔서 분위가 더욱 살았다.

아래층에 피아노 학원이 있어 오후에 은은한 피아노 소리가 들려온다. 어쩌면 피아노 소리에 화분이 더 잘 자라고 있는지 모르겠다. 환한 햇빛, 물과 피아노 소리, 게다가 우리 사무실에는, 착한 사람들만 모여 있으니, 그 환경이 정말 무시 못 하는 것이다.

그들과 우리는 축복받으면서 살아가고 있다. 얼마나 행복한 공간인가? 사람이나 식물이나 모든 생물체는 환경이 매우 중요한데, 나쁜 환경으로 영향을 받아 불행하게 살아가는 것들이 얼마나 많은가? 환경을 극복하면서 살아간다는 것도 쉬운 일이 아니라고 생각한다. 그러면서도 때로는 이런 것들을 잊고 불평불만들로 투덜거리기도 한다.

출근하다가 꽃가게에서 나팔꽃같이 핀 빨강 꽃이 너무 예뻐서 사가지고 사무실에 왔다. 이런 작은 화분들을 보면 그냥 지나가지 못하고 사가지고 오곤 한다. 사무실 사람들도 꽃이 예쁘다고 다들 한마디씩 한다. 꽃 이름을 몰라서 인터넷으로 찾아보니, 만데렐라는 이름이었다. 그러나 그 꽃이 어느 나라에서 온 것인지, 꽃을 키우는 방법이나, 특색에 대하여 별로 설명이 없었다. 아직 알려진 꽃이 아닌 것 같았다. 오늘도 아침에 와서 화분들과 인사를 하고 분무기로 물을 뿌려준다. "예쁜 화분들아. 무럭무럭 잘 자라라. 너희들이 세월 따라 자라는 만큼, 나도 여기서 열심히 일하고 경험들을 쌓으며, 꿈을 키우련다." 다들 행복한 얼굴로 웃고 있다.

(2009. 10. 23.)

재 회

장애 등급을 다시 받기 위해 의사와 상담을 했다. 보장구 신발 신어서 다리를 고정시키지 않으면 위험해질지 모른다고 했다. 다리가 비틀려서 넘어지면 인대가 끊어져 수술을 해도 걸어 다닐 수 없게 된다니. 그렇게 심각한 상태인줄 몰랐다. 보장구 없이 걷다가 넘어져서 다치면 앉은뱅이 신세가 되어 갇혀 지내야 한다. 나 자신이 고통스러운 건 말할 것도 없고 집안 식구들까지 고생시키게 될 것이다. 그런 일이 일어나지 않게 하려면 귀찮고 무거워도 그 보장구 신발을 신어야겠다고 생각했다.

보장구 신발을 꺼내 보았다. 서먹해진 친구 같은 물건을 바라보았다. 그것은 신고 벗기가 번거로워 시간을 빼앗는데다 쇠로 되어 있어서 무겁기까지 하다. 불편한 걸 참고 꽤 오랫동안 신다가 포기했다. 보이지 않는 데다 치워두고 잊고 살았다. 부실한 다리로 걸으며 수없이 넘어지면서도 그것을 꺼내 신어볼 생각 따위는 하지 않았다. 다친 자리가 낫고 나면 일어나 걸었고 뭐가 그리 바빴는지 아팠던 기억은 잊고 지냈다.

요즘 들어 다리가 비틀거려서 넘어지는 일이 잦아졌다. 심하게 부려먹어 기운이 빠진 것 같다. 내 몸 하나 감당하는 것이 힘들다는 생각이 든다. 왜 이렇게 잘 넘어지는지. 어떤 때는 집안에서 맥없이 쓰러지기도 한다.

내동댕이쳐 물건처럼 바닥에 쓰러져 반쯤 드러누운 상태로 눈을 감으면 그대로 모두 놓아버리고 싶다. 지고 다니던 짐들, 부실한 몸, 다친 마음을 벗어버리고 새털보다 가벼운 영혼만으로 떠오르고 싶다. 민들레 홀씨처럼 바람을 따라 날아다닐 수 있다면 얼마나 좋을까. 비틀거리다 넘어지고, 아픔을 느끼기도 전에 누군가에게 폐를 끼치지나 않을까 걱정해야 할 필요 없이 훨훨 햇살이 따사로운 곳에서 민들레꽃으로 피어날 수 있다면, 땅에 붙어있어 안전하고 다닥다닥 모여 있는 친구들과 더불어 외롭지 않을 것이다. 바람에 구름이 밀려다니고 나뭇잎이 살랑대는 걸 감상하며 온종일 빈둥거려도 괜찮텐데. 무채색의 꿈에 슬그머니 물이 들었다. 노랗고 발갛게.

수없이 엎어지고 자빠졌음에도 크게 다치지 않을 수 있었던 것은 누가 있어 나를 도왔음일까. 그분께 감사해야 할 일이다. 더 나빠지기 전에 신발을 찾아 신을 수 있게 해주고 불편한 몸이나마 걷고 말하고 웃을 수 있는 의지를 주신 분이 함께 한다는 걸 잊고 있었다. 아프고 힘들다고 하소연하면 다 내게 맡겨라, 넘어지면 일어나라 손 내밀어주는 분이 내게도 있지 않은가. 산다는게 고통이요 슬픔이라는 걸 온 몸으로 보여주시고도 여전히 모든 사람을 사랑하는 분, 그분에게서 위안을 얻는다.

의사와 상담하고 나오면서 눈물이 나오는 걸 참았다. 엄마 생각을 하면 울 수 없었다. "약해지면 안 돼. 그동안 속썩인 걸로 충분해." 혼잣말을 하며 아직 낯설기만한 신발을 닦는다. "이젠 귀찮다 하지 않고 너와 함께 할게. 그동안 서운했지?" 멋쩍은 내 마음을 알았다는 듯 신발이 쉽게 신긴다. 불쌍한 내 다리에게도 말을 건다. "얼마나 힘들었니? 힘들다 내색하지 않고 묵묵히 견뎌 줘서 고맙다. 너에게 무심했던 일이 얼마나 미안한지 몰라. 이제부터는 더 아껴주고 조심할게. 다시 만나서 반가워 사랑스런 신발아!"

(2014. 10. 25.)

그래도 보고 싶다

"이게 누구냐"고 하며 초·중학교 때 동창이라고 반가워한다. 난 그의 얼굴도 이름도 생각이 나지 않는다. 그 친구는 몸이 불편한 나를 알아본다. 하필 목욕탕에서 만나다니, 그 후 가끔씩 목욕탕에서 만난다. 창피하고 부끄러운 모습으로 말이다. 그래도 반갑다. 벌써 세월이 흘러 40대 중반이 넘어간다. 꽤 오랜 세월이 흘렀다. 동창들이 어떻게 지내는지 궁금하고 보고 싶어 한단다. 그 말을 들으니 세삼 고마웠다. 그 친구들은 나라는 사람을 기억하고 있었구나. 친구들은 나를 어떤 모습으로 생각하고 있을까? 공부는 못하지만 노력하는 아이로 비쳤을까? 학창시설 다른 아이들처럼 똑 같이 학교생활을 할 수 없었다.

필기도 반도 쓰지 못했는데 칠판을 지워버리고, 체육시간은 원

숭이 같이 흉내는 내지만 똑같이 할 수 없었다. 미술시간도 그림을 제대로 그릴 수 없었다. 음악시간도 다른 아이들과 같이 노래를 아름답게 불러보고 싶었지만 그것도 못했다. 받아쓰기 시험을 볼 때, 내가 알고 있어도 받아쓰지 못하고 지나갔다.

어디 그뿐인가? 아이들에게 병신이라는 놀림과 그야말로 왕따를 당했다. 그 시절은 정말 지옥이었다. 친구도 없고 학교에 가도 재미가 없었다. 그렇게 시간이 흐르고 학교를 졸업을 하고 내 살 길을 찾아서 이리 뛰고 저리 뛰면서 직업을 찾아 헤매고 검정고시를 보고 컴퓨터를 배우고 글을 쓰고 하면서 이 나이가 되었다.

어쩌면 다른 친구들이 가지 않는 길을 외롭게 걸어야 했다. 다른 친구들은 한 남자를 사랑하고 아이들을 키우면서 행복하게 사는데, 그 친구들이 부럽기도 하다. 난, 내 몸 하나 지탱하기 힘들 정도로 살아왔다. 힘들고 외로웠지만 그래도 나 이렇게 잘 살고 있다고 그나마 친구에게 떳떳하게 말할 수 있어서 정말 다행이다. 그 친구는 “정말 열심히 살았구나!” 하면서 내 손을 꼭 잡는다.

우리는 경동초등학교 70회 졸업생이다. 그래서 스마트폰 밴드에서 경동 70이라고 치면 동창회 모임이 뜬다고 했다. 꼭 한번 나오라고 한다. 사실 돈이 아까워서 스마트폰 가실 생각도 못하고 있다. 너무 바쁘게 사느라, 만날 날이 있을지 모르는 일이다. 그래도 한번 동창회 나가보고 싶기도 하다. 하지만 세월이 흘러 누군가 나를 기억한다면 어떻게 비쳐지고 있을까? 순간순간 잘 살아야 하겠다는 생각을 하였다. 이렇게 우연히 만날 줄이야, 정말 반가웠다. 또한 나라는 사람을 기억해 주고 있다는 것에 마음이 흐뭇했다. 건강한 몸으로 어린 시절로 돌아가 동무들과 즐겁게 학교생활을 해보고 싶다. 말도 안되는 꿈이지만….

(2015. 3. 14.)

숏 부츠

초겨울부터 부츠를 간절히 신고 싶었다. 나이가 들어가면서 발이 차다 못해 저려온다. 그래서 더 신고 싶었는지 모르겠다. 포근한 털이 속에 달린 것을 신으면 얼마나 따스할까? 40 중반이 되도록 부츠를 신고 싶다는 생각, 상상도 못했다. 어쩌면 포기하고 살아왔다는 것이 맞는 말이다. 굽이 낮은 것, 볼이 넓은 것, 우선 발이 잘 들어가고 편안한 운동화나 단화만으로도 대 만족이다. 굽이 높고, 볼이 좁고 여성스러운 멋진 신발은 꿈꾸지도 못했다.

나도 여자가 틀림없나 보다. 부츠를 신고 싶다는 생각을 하다니, 사람 마음은 변하는 것인가 보다. 겨울이 다 끝나갈 무렵이다. 벼르고 있던 참에 단골 신발가게에 가서, 우선 신어보기로 했다. 신발가게에 긴 부츠는 꿈도 못 꾸고, 숏 부츠(앵클부츠)로 한

치수 높은 것을 신어보았다. 이게 웬일인가? 발이 순순히 잘 들어가는 것이었다. 만약에 그 결과가 정 반대였다면 난 또 마음이 아팠을 것이다. 그럼 할 수 없지, 하고 쓴 웃음으로 현실을 또 받아들어야 했을 것이다. 난 지금 행복감에 빠져 있다. 이런 신발을 신을 수 있다니. 진작 이렇게 잘 들어갈 줄 알았다면, 내 불쌍한 발이 주인의 잘못 판단으로 얼마나 추운 겨울에 고생을 했을까, 가엾은 나의 발들아 정말 미안해! 그렇지 않아도 주인 잘못 만나서 푸대접과 온갖 시련을 견디면서 살아왔는데 말이다.

늘 적극적이면서 긍정적으로 살아온 줄 알았는데, 지금 생각해보니, 내 무의식 속에 불가능한 걸, 해보지도 않고 못한다고 피하고 살아온 것들이 있다는 것을 숏 부츠를 신고서야 알게 되었다. 우선 경험해 보아서 못하면 그 좌절감을 느끼기 싫었다. 때로는 불가능한 것은 아예 피하고 싶었다. 특히 무엇을 배울 때, 불가능한 것을 가지고, 시간과 노력을 낭비하는 것보다 내가 잘 할 수 있는 것, 내 생활에서 즐거움을 느낄 수 있는 것을 할 때는 푹 빠져서 시간 가는지도 모르고, 저녁 먹을 시간도 잊으면서 열심히 했다. 그것이 지금에 와보니 지혜로운 삶이었다. 하지만 가만히 생각해 보면, 내가 못해 본 것들도 꽤 많다. 앞으로는 좀 더 적극적으로 시도해 보겠다는 자신감이 생겼다. 인생에서 살아가는 동안 판단력이 꽤 중요한 역할을 하는 것을 다시 한 번 더 느끼게 했다.

이젠 나이가 들어가면서 배짱과 용기가 생겼다. 하다가 못하면 좌절하지도 슬퍼할 필요도 없다. 그것은 내 인생에 있어서 인연이 없을 것으로 생각하면 된다. 누가 뭐라고 해도 슬퍼하거나, 노하지도 않게 되었다. 순간 속상하고 마음은 아프지만, 잠시 지나가는 바람인 것을 말이다. 늘 웃는 얼굴로 하루하루 충실히 살려고 노력한다. 나보고 밝은 얼굴이 좋다고 칭찬해 주는 사람들도 꽤 많다.

나의 사랑하는 착하고 성실한 발들아, 내년 겨울에는 더 따스하게 해줄게. 주인 잘 못 만나서 늘 빨빨거리고 돌아다니니, 너희들도 얼마나 더 힘들겠니? 좀 이해 해줘. 너희들이 그나마 힘들다고 주저앉아 주지 않아서 그나마 얼마나 고마운지 몰라. 하늘만큼 땅만큼 너희들을 사랑해! 많은 것을 깨닫게 해준 숏 부츠를 다시 신어본다.

(2013. 4. 17.), (2014 수필문학추천작가회연간사화집 / 24호)

아직도 019

어느 날 지인이 번호가 맞는지 의심스럽다며 핸드폰으로 물어보았다. 아직도 019 사용하냐고 하는 사람들이 많다. 다들 스마트폰으로 바꾸라고 한다. 정보화 시대에 뒤떨어진다고 한다. 그렇다고 정보화시대에 뒤떨어져 살아가는게 불편한 것이라고는 생각하지 않는다.

아직까지 Two G가 좋다. 우선 비용이 싸다. 그래서 더욱더 바꾸기 싫다. 다른 사람들은 돌아다니면서 스마트폰을 사용하지만 나는 내 몸 하나 걸어 다니기 힘들다. 또한 손이 불편하니 자유롭게 활용할 수 없다. 나에게 무용지물(無用之物)이다. 다른 것들은 컴퓨터로 알아보면 되는 것이다. 또한 번호가 바뀌는 것도 싫다. 앞으로는 다 010으로 바뀐다고 한다. 019를 사용했던 사람들은 번호 바꾸라고 핸드폰 무료로 주거나, 돈을 줄 것이라는 소문도 있다. 그것에 별로 관심이 없다.

옛날에 '삐삐'가 유행했을 때도 돈이 아까워 사용하지 못했다. 핸드폰이 생기고 한참 후에 밑에 남동생이 사주어서 사용하게 되었다. 그렇게 편한 줄 몰랐다. 유행 따라간다고 다 좋은 것은 아니다. 또한 내 분수에 맞게 사는 것이 현명하다고 생각한다. 사람들은 아직도 019 쓴다고 뭐라고 하지만 상관하지 않는다. 비웃는 사람이 있을지도 모르지만 그게 무슨 대수로운 일인가?

스마트폰 하나로 다 알아볼 수 있는 정보화시대가 되었다. 좋은 점도 있지만, 스마트폰에 중독이 되어서 일상생활에 지장을 주는 사람도 많다. 스마트폰도 장단점이 있는 것 같다. 사람들이 남보다 더 좋은 것, 남보다 더 비싼 것을 가지고 싶어 하는 것이 사람 욕심인지도 모른다. 평생을 살아오면서 아픔과 상처 속에서 처음에는 그렇지 않았는데, 살다보니 언제부터인가 편안해졌다. 다른 사람들과 똑 같이 살 수 없다는 것을 알았다. 그 속에서 부러워할 것도, 기죽을 필요도 없다. 그냥 처지에 맞게 묵묵히 살아가면 되는 것이다.

요즘 사람들은 스마트폰을 좋아하지만, 노인들이나 가정생활이 어려운 사람들은 아직도 Two G를 더 많이 사용한다. 복잡하고 다양한 기능이 싫은 사람도 있거니와 몰라서 사용하는 것을 거부하는 사람들도 있다. 어떤 노인은 통화하다 터치를 하지 않아서

15시간 있다가 끊어서 요금이 많이 나왔다고 한다. 세상에 살아가는 방법이 다 똑 같은 것은 아니다. 계속 구식 핸드폰을 고집할 것 같다. 아마 핸드폰이 없어지면 다시 한 번 생각해 봐야겠지만 말이다. 지금은 이것으로 만족한다.

(2016. 4. 22.)

모처럼의 여유

4일이란 날짜가 생각만 해도 좋다.

논다는 것은 즐거운 일이다.

일을 안가서 좋다.

고유명절 첫째 날은 어머니와 큰올케와 함께 송편을 빚고 전을 부치며 정신이 없이 하루가 지난 간다. 초등학교 3학년인 조카 녀석이 전을 부치는데 와서 자기도 하겠다고 도와준다. 그러면서 "엄마 남자들은 게임만 하고 시간을 보냈는데, 여자들은 왜 명절에 일만 하느냐고" 이런 말까지 하는 조카 녀석이 대견하고 예쁘다. 큰올케는 아들만 둘인데, 큰아들은 무뚝뚝하지만, 작은아들은 잔재미가 있고 붙임성이 있다. 올케는 자기 집의 딸이란 말까지 한다.

명절 당일 이번에는 백부님이 병원에 계셔서, 제사를 지내지 않아. 큰집에 안가고 모처럼 우리 집 식구들만 다 모여서 음식을 먹으며 이야기 보따리를 풀어놓았다.

아침을 먹고 조금 있다가 큰 동생네 식구들은 큰아들이 추석 끝나고 중간교사라 집에 가야 한다고 한다. 큰조카가 집에 가기 싫어하는 모습이 안타까웠다. 아이들이 공부 때문에 이렇게 혹사를 당해야 하는지 모르겠다. 점심을 먹고, 작은동생네 식구들도 집으로가 집안은 조용해졌다. 그동안 쌓였던 피로가 풀리면서 잠이 스르르 온다. 낮잠을 자고 일어나니, 저녁때가 다 되었다. 글을 한편 쓰고, 집안일을 이것저것 하다가보니 또 하루가 지난 간다.

셋째 날, 넷째 날은 정말 나만의 시간이다. 그동안 일한다고, 공부한다고, 책을 읽지 못해 책이 많이 쌓였다. 조용히 커피 한잔을 마시면서 책을 읽는 동안 그 시간들이 제일 행복하다. 이런 연휴동안 책이 없었다면 얼마나 따분할까? 책은 나와 함께 놀아주는 친구가 되어주어서 고맙다.

이런 여유 속에 책을 읽다가 갑자기 지난날 컴퓨터 배우던 생각이 난다. 컴퓨터 자격증을 취득할 때, 필기시험은 한 번에 붙었는데, 실기시험은 한 번에 붙지 못했다. 오른손이 불편한 나의 손은 평상시는 완벽하게 다 하는데, 꼭 시험 때는 긴장이 되어 손이 더 잘 움직이지 않아 떨어진다. 남들 즐겁게 노는 여름방학 때,

컴퓨터 활용능력 2급과 워드프로세서 2급을 연습하여 여름 방학에는 컴퓨터 활용능력에 합격하고, 워드프로세서는 그 다음해 봄에 합격하였다. 그 기간 동안 놀지 않고, 연습한 것이 내가 생각해도 잘한 것 같았다. 결국 나는 실기시험 두세 번보고 자격을 취득할 수 있었다. 그 때 손의 약점 때문에 울기도 많이 했다.

가끔 아버지는 네가 무슨 무쇠냐고 자주 이런 말씀을 하신다. 내가 가만히 생각해보아도, 하루하루가 정말 바쁘다. 아침에 일어나서 잘 때까지 가만히 있는 시간이 없는 것 같다. 휴일은 글을 쓰거나 책 읽기에 바쁘다. 이번 명절도 보람차게 잘 보낸 것 같다. 또 일상으로 돌아가 정신없게 보내야겠지, 아마도 내가 건강할 때까지 그렇게 살 운명인지 모른다.

(2015. 10. 3.)

(『여울』 2016. 2. 3)

누군가 나를 기억한다는 것

일을 하게 되었다.

40대가 되어 이제는 일 할 수 없을 것이라고 생각했다.

어느 누가 돈에 욕심이 없는 사람이 있겠는가? 돈도 따라와야 돈을 벌 수 있다고 했다. 이제는 편안한 마음으로 접었다. 할 수 없는 일 가지고 고민하고 괴로워해서 되는 일이 아니라고 생각했다.

가끔씩 꽤 오래된 친구나, 아는 사람에게 10년, 5년 넘게 있다가 보고 싶다고 핸드폰으로 연락이 올 때 누군가 나를 기억해 주는 사람이 있다는 것에 때로는 행복해진다.

다음 이메일을 꽤 오랜만에 열어보았다 재작년에 같이 일했던 선생님께서 보고 싶다고 이메일이 왔다. 아~ 그 선생님, 나도 그

분이 좋은 기억으로 남아있었다. 그분께 핸드폰으로 연락이 되었다. 작은 아버지께서 컴퓨터를 잘 모르고 바빠서, 카페를 운영할 사람이 필요하다며 나에게 성실하고 컴퓨터도 잘 하시니, 카페 관리 좀 해 달라는 것이다.

돈은 몇 푼 안 되지만 우선 이것이라도 열심히 하다보면, 실력도 쌓아 더 좋은 기회가 올 것 같다는 생각이 들었다. 실력은 없지만 배우는 자세로 열심히 일하겠다고 했다. 출퇴근도 안한다는 것이 좋았고, 일도 매일 잠깐 시간 내어 할 수 있어, 글도 쓸 수 있고, 책도 읽을 수 있는 시간과 그밖에 다른 것들을 마음대로 할 수 있어 마음에 들었다. 게다가 아껴서 모아놓은 용돈도 다 떨어져 가는 중이라 마침 걱정하고 있었다. 죽으라는 법은 없나보다. 난 "하느님 감사합니다. 정말 고맙습니다."하고 감사의 화살기도*를 했다.

재작년 노동부 소개로 OOO자립센터에 일하였다. 밤늦도록 일 시키고, 때로는 주말도 없이 일을 하기도 하였다. 결국 3개월 정도 있다가 그만 월급도 못 받고 나왔다. 그런 아픈 경험이 있는 내게 이번 기회는 더 없는 기쁨이었다.

얼마 후 선생님과 만나서 일 할 것들을 설명 들었다. 선생님은 대학생을 채용해서 썼는데, 자꾸 게으름만 피우고 일을 잘 안 해 주었단다. 내 생각이 나서 연락했다고 한다. 누구는 힘들다고 월급 적다고 이런저런 핑계로 배짱을 부린다. 나 같은 사람은 아무리 몇 푼 안 되는 돈이라도 기회만 있으면 잡아야 한다. 우선 인정을 받기 위해 능력과 온 힘을 다 기울어 열심히 작업을 해주어야 한다.

이런 현실이 나를 참으로 슬프게 한다. 어쩌면 내가 살아가면서 감수해야할 몫인지도 모른다. 그것저것 다 따지다보면 나라는 사람은 이 사회에서 그나마 더욱더 살아가기 힘들어진다. 나의 무기는 성실함과 적은 돈을 알뜰히 쪼개 쓰는 힘과 끊임없는 도전과 노력들이다. 그 무기가 없었다면, 지금 여기까지 오지 못했을 것이다. 요즘 정상인도 일자리가 없는 현실에서 불편한 몸으로 일자리 얻기는 하늘에 있는 별따기다.

만약 내가 재작년에 그곳에서 일을 못하고 꾀나 부리고 진실하게 행동하지 않았으면 그 선생님으로부터 연락이 안 왔을 것이다.

새로운 희망과 도전이 또 생겼다. 정말 열심히 정성껏 일을 해주어야지! 내가 잘 하면 계속 돈을 벌수 있을 것 같다.

누군가 나를 기억한다는 것은 평소에 다른 사람들에게 편안하고 좋은 인상을 주었을 것이다. 진실은 누구에게나 통하는 것 같다.

일 할 수 있는 기쁨과 보람, 누군가에게 인정받은 것은 참으로 행복한 일이다.

* 화살기도 : 언제 어디서나 어떤 내용으로든 화살을 쏘듯이 짧고 직통으로 하느님께 성호경 등을 긋지 않고, 절차 없이 직접 예를 들어 "주님 저를 도와주소서." 라고 말하듯이 기도하는 것을 화살기도라고 한다. 다른 기도보다 화살기도가 더 효과가 있다고 한다.

(2012. 8. 15.), 『여울』 동인지 2012.

바보의 행복

"내일부터 나오지 않아도 됩니다."

지난날을 생각한다. 힘들고 아팠지만 참을 수 있었던 힘은 어디서 왔을까. 찾아온 기회를 놓칠 수 없어 앞뒤 가리지 않은 채 취업을 했고, 처음으로 가진 일자리에 대하여 기뻐할 겨를도 없이 고통 받았다. 뒤로 물러섰더라면 그런 시간을 보내지 않아도 됐을 테지만 그랬더라면 세상이 어떤 곳인지, 내 힘으로 돈을 버는 것이 얼마나 힘든지 몰랐을 것이다. 죽을 만큼 고단하고 가슴이 터질 듯 억울한 걸 견디면서 무슨 생각을 했던 걸까.

어느 날 장애인 후배가 일자리를 제안 받았는데, 월급이 적어서 안 갔다고 했다. 나는 "그냥 다니면서 다른 곳을 찾아보지." 하며 안타까워 했다. 가만히 있으면 적은 돈이라도 벌 수 없는 게 아닌

가. 첫술에 배부를 수는 없다. 더욱이 우리는 다른 사람들에 비해 불리한 조건을 갖고 있지 않은가. 만족할 수 없다 해서 거절하면 세상으로 나가는 문은 열리지 않을 것이다. 장애가 있음에도 불구하고 일을 할 수 있고 돈을 벌 수 있다는 사실에 집중하고, 욕심부리지 않고 조금씩이라도 돈을 모으는 기쁨에 마음을 두는 것이 현명하지 않을까.

우리나라에서 장애인이 일자리를 얻는 것은 하늘의 별을 따는 것만큼 힘들다. 어렵게 취업을 해도 최저임금에 만족해야 한다. 지난 날 나는 직장에서 밤늦게까지 일하고, 일과 상관없는 식사 준비며 청소까지 해야 했다. 장애를 갖지 않은 동료들로부터 차별과 모멸을 받았다. 아침에는 거울을 보면서 단단히 결심을 하고 웃으며 나갔다가도 돌아올 때는 엉망으로 기분이 구겨져서 눈물을 흘리기 일쑤였다. 몸이 고단하고 마음이 쓰라려도 참았다. 적은 돈이라도 차곡차곡 모았고 좋은 얼굴로 내게 주어진 모든 일을 해내려 애썼다. 차가운 세상에 허약한 내 자신을 내던지고 나서 이를 악물고 견뎠던 지난날이었다. 나는 혼잣말을 했다. "그래 실컷 이용해라. 다 알고 있지만 참아주겠다. 더 나은 날이 올 때까지 여기서 기다리겠다." 그들은 내게서 온갖 것을 헐값에 빼고 나서 나를 버렸다. "내일부터 나오지 않아도 된다."고 말하는 얼굴은 아무렇지도 않았다. 수없이 그런 일을 당하는 동안 나는 단단해졌다. 그들은 나를 이용했고 나는 당하면서 성장했다. 끈질기게 참으면서 나 자신을 사랑하는 법을 배웠고 참혹함 속에서도 꿈꾸기를 멈추지 않았다.

친구들은 나보고 바보라고 했다. 맞는 말인지도 모른다. 바보같이 미련하게 참았고 살아남았다. 몸이 성한 이들보다 백배쯤 힘들여 컴퓨터를 배웠고, 수필 창작에 힘을 쏟았다. 집에서 컴퓨터 작업으로 용돈을 벌어 쓸 수 있게 되었다. 아무 것도 하지 않고 슬픔에 젖어 세월을 보냈다면 오늘 같은 날이 있을 수 있었을까. 부족한 딸을 살뜰하게 보살펴주는 엄마, 아껴주는 동기간들, 격려하고 위로해주는 친구들과 함께 할 수 있는 지금 이 순간이 올 수 없었을 것이다. 세상에 나아가 배우고 애쓰면서 함께 어울리는 것이 좋아서 웃는다. 바보처럼.

(2014. 10. 3.)

『여울』 16번째 이야기, 『문학공원』

이제는 튕기고 싶다

요즘 계속 한기가 들어서 몸이 힘들다. 오늘도 성당 반모임에 가야 하는데, 가기가 싫다. 몸도 좋지 않고, 책도 읽어야 하고, 글도 써야하는데, 가도 다들 어르신들이라 대화할 사람도 없고, 겨우 시간만 때우고 온다. 아마 다른 사람들은 내가 한가한 사람이라고 생각할지 모른다. 몸이 불편하니, 더욱더 그런 생각을 하는 것 같다. 마지못해 갔다. 사실 비장애인들보다 더 바쁘게 생활하고 있다.

신발을 벗고 들어가려고 하는데, 한 할머니가 추운데 빨리 벗고 들어오지 않는다고 화를 내는 것이었다. 불편한 다리 때문에 신발을 빨리 벗지 못한다. 그 순간 화가 나서 그냥 집으로 돌아와 버렸다. 이제는 내가 가기 싫은 곳, 싫은 사람은 만나고 싶지 않다.

싫은 것들을 하다가 스트레스를 받는 것 보다는 내가 보고 싶은 사람 만나고, 내가 하고 싶은 것 하면서 살고 싶다. 장애로 인하여 사람들에게 너무 상처들을 많이 받아왔다. 이런 경우 주님께서도 이해해 주실 것이다. 성당에 다니는 사람이 이런 조그마한 배려도 못한다는 말인가? 옛날에는 누가 뭐라고 해도 잘 참고 견디었다. 그러나 참는 것이 다가 아닌 것 같다. 때로는 싫은 것을 표현도 해야 다른 사람들도 함부로 건들이지 못한다. 집에 돌아오자마자 어머니와 아버지하고 마트에 가 즐거운 시간을 보내고 집으로 돌아왔다. 요즘 식구들과도 시간이 없어서 함께 보내지 못했다. 이렇게 즐거운 시간을 보낼 수 있는데 말이다.

반모임에 가면 일지도 써서 반장에게 가져다주어야 한다. 자기들은 몸이 건강하면서 왜 그런 일까지 내게 맡기는지 모르겠다. 젊다는 이유로 말이다. 다른 젊은 사람들은 바쁘다고 다 나오지도 않는데 말이다. 늙은이들과 무엇을 하고 있는 것인지. 한심한 생각이 들기도 한다. 어떤 때는 내가 사람들에게 이용만 당하는 것 같아 속상하다.

몇 시간 후 반장에게서 전화가 왔다. 결국 미안하다고 말했다. '내가 좀 참을 걸'하는 생각을 했다. 할머니께서 아픈 몸을 이끌고 이곳까지 오셨는데, 그 할머니 말씀에 내가 생각이 짧았던 것 같다. 다음에 만나면 더욱더 반갑게 잘해 드려야하겠다. 내가 좋아하는 사람만 좋아한다면 그것은 죄인들도 할 수 있는 일이다. 주님을 믿는다고 하면서도 아직 철이 덜 들었다. 반장은 그 할머니께 한소리 했다고 했다. 그러고 나서 나에게 오늘 반모임 일지 써달라고 했다. 알아서 오늘 성경구절보고 상상해서 쓰라는 것이다. 좋다가 말았다.

결국 봉사하는 셈치고 써주었다. 튕기면서 그냥 두고 싶었다. 반모임 정말하기 싫다. 가면 상처만 받아오는데, 반모임 아무리 피하고 싶어도 주님이 놓아주시지 않는 것 같다. 사실 내가 싫다고 만나지 않을 수 없는 사람들이다. 내 장애를 이해주는 사람들은 정말 많지 않다. 내가 싫다고 사람들을 만나지 않으면 난 정말 외톨이가 될 것 같다. 그렇게 서로 사랑하고 용서하면서 살아야 할 이유인지도 모르겠다.

오늘 토요일도 이것저것 하다가 보니 어차피 다 지나갔다. 밤 10시가 넘어간다. 몸은 아픈데, 누워서 쉬지 못하고 글을 썼다. 삶이 내 뜻대로 할 수 없는 것이기 때문에 주님께 그냥 순종하면서 살아야하는지도 모르겠다.

오늘 하루도 묵상한다.

'주님 오늘 하루도 무척 힘들었습니다.'

'주님 알고 계시지요.'

'그래 그래 데레사 힘들어도 성실이 열심히 살아가는 것 알지.'

'다른 사람들이 너에게 상처를 많이 주어도 대부분 참 잘 견디지 알고말고.'

'그래서 내가 너를 사랑하지 않니'

'몸이 불편하여도 컴퓨터를 할 수 있고, 일을 할 수 있고, 글을 쓸 수 있는 능력을 내가 주지 않았니? 데레사 더 욕심부리지마! 다른 것들은 네가 가질 수 없는 것이야'

'상처 받고 힘들어도 그것은 네가 살아가는데, 평생 지고 갈 십자가야 그냥 참으렴.

'묵묵히 네가 할 일만 하면 돼!

'사랑하는 딸아, 그만 이불 속으로 들어가 자거라.'

'이불 속에 있는 너를 꼭 껴안아 줄게'

'오늘 밤 푹 자렴.'

그 다음날 아침에 일어나니, 몸살도 사라지고 새로운 힘이 솟는다.

(2015. 11. 28.)

4

귀한 사람들

다시 도전하다

또 배우고 싶다. 벌써 배운지 10년이 넘었다. 장애인 복지관에서 가르쳐 취업까지 시켜준다고 한다. 취업이 가능할지 그 말은 그때 가봐야 안다. 나이가 40세까지라고 되어 있는 공문을 보면서, 이제는 아무것도 할 수 없는 나이가 되었다는 것이 서글프다. 그래도 왠지 마음에 끌린다. 어차피 일도 해야 하고, 책도 읽을 시간이 없어서 책들이 쌓여만 가고 있다. 옛날 생각이 난다. 일러스트와 포토샵을 배우는데 손이 불편한 나는 다른 사람들보다 몇 배 노력을 해야 했다. 그럼에도 그래픽스운영기능사 필기는 붙었는데 실기는 떨어지고 말았다. 그래도 자꾸 연습을 하다보니, 다른 사람들처럼 속도를 거의 따라 잡을 수 있다. 또한 연습을 하도 많이 하여서 외울 정도였다. 그러다가 이런저런 바쁜 생활에 시험이라는 것을 잊고 살았다. 때로는 취업을 하여 그래픽스까지 일하게 되었다. 그러나 일러스트와 포토샵만 잘 한다고 되는 것은 아니었다. 미술 감각이 있어야 했다. 그때서야 끝까지 하지 못한 것을 후회했다. 상사에게 디자인 감각이 없다고 꾸중까지 들었다. 결국 그곳에서 10개월 정도 밖에 못하고 그만 두어야만 했다.

난 다시 배울 생각을 하지 않았다. 일을 하는데 팀장이 일하는 시간에 가서 일러스트와 포토샵을 배우라고 배려해 주었다. 정말 감사했다. 또 두 개의 자격증을 취득할지 모르는 일이다. 만약에 자격증도 취업기회도 얻지 못한다 해도 느리지만 할 수 있다는 것이 나에게는 중요하다고 생각한다. 일하고 공부를 하고 책을 보면서 밤늦게까지 연습한다는 것은 결코 쉬운 일이 아니다. 컴퓨터 배운지 한 달쯤 되었을 때, 회사의 인원 감축으로 또 실업자가 되었다. 우선 무료라고 하니, 우선 열심히 배워 볼 생각이다. 만약 이것을 배워서 다른 사람들을 가르쳐도 될 것 같다.

앞날은 아무도 모르는 일이다. 다만 한 순간순간 열심히 살뿐이다. 더 좋은 일이 있을 것이다. 올 한해는 디자인에 다시 도전 해 볼 생각이다. 신께서 우선 자격증을 따고 책을 많이 읽으라는 기회를 주신 것 같다. 그 다음에 또 일을 찾아야하겠지! 나에게 일자리가 있을지 모르는 일이다. 또 실업자가 되었다는 것이 가슴이 쓰리고 아프다. 세월이 지나면 괜찮아지겠지! 돈은 벌지 못하면 그만큼 절약하면 되는 것이다. 신의 그 깊은 뜻을 알지 못하지만 또 새로운 일이 생기겠지.

힘들고 피곤하지만 하루하루 열심히 살자. 파이팅~

(2016. 4. 15.)

목돈 만들기

세월이 지나고 나니, 어떻게 그런 생각을 했는지 나 자신도 잘 모르겠다.

거의 7,8년 전 컴퓨터를 2년 동안 배우게 되었다. 배우는 동안 한 달에 10만원씩 보조금으로 차비와 점심값을 주었다. 장애인은 지하철이 무료이기 때문에 다행히 차비가 들지 않았다. 몇 끼 점심을 사 먹었다. 그 돈은 나의 한 달 용돈이었다. 사먹은 것이 너무나 아까웠다. 아니 목에서 넘어가지 않았다. 한 편으로는 30대 중반이 되도록 한 끼 밥값도 못한다는 내 자신이 가슴을 갈기갈기 찢어놓았다. 또 한 편으로는 용돈 타 쓰는 내 자신이 부모님께 미안했다. 그래서 한 푼이라도 아껴야 한다는 생각이 더욱더 간절했는지도 모르겠다.

공부하는 사람들 중에 나가서 사먹는 사람들도 있고, 몇몇 모여서 시켜먹는 사람들도 있었다. 어떤 이는 김밥 한 줄로 아님, 빵과 유우로 때우는 사람도 있었다. 난 시켜먹는 쪽으로 선택하였다. 불편한 다리로 사먹고 오가면 점심시간이 빠듯했다. 같이 밥을 먹다가, 먹고 남은 음식이 아깝다는 생각을 했다. 결국 우리들이 생각해 낸 것이, 집안 형편이 괜찮거나 도시락을 가지고 다니기 힘든 사람들은 시켜먹고, 좀 더 어려운 사람들은 공기 밥 하나씩 더 시켜서 함께 먹었다. 그러다가 아예 아침에 나오면서 한 끼 먹을 밥과 수저만 가지고 나왔다. 친구들이 그렇게 하도록 배려해 주었다. 그러면서도 다들 불만불평을 하지 않았다. 음식 남기지 않아 자기들도 좋다고 오히려 나를 편안하게 해주었다. 서로가 이해 해 준다는 것이 고마웠다. 서로가 우리 자신들의 어려움과 아픈 현실들을 이해했기에 가능한 일이었다. 과부가 과부 마음을 안다고 했지 않은가? 그 덕으로 음식쓰레기 줄이는데도 한 몫 하였다.

주민등록상으로 나와 동갑인 아저씨는 점심 먹을 것을 친구들에게 다 물어보고, 주문을 해주고, 여름이면 냉커피도 타주고, 으레 아침에 교실에 오면 커피를 타 내 책상에 놓아주기도 했다. 우리들이 하기 힘든 일들을 도맡아 해주었다. 난시 산재로 인하여 오른 손가락이 다 붙어 있어서 공부를 따라가지 못해서 속상해 했지만, 그 아저씨에게 난 도움도 많이 받았다. 또한 교통사고로 휠체어를 탄 친구 H는 내가 필기를 잘 못하는 것을 알고, 자기가 공부하여 정리해 놓은 노트를 복사까지 해주는 고마운 친구였다. 종이컵이 떨어지기 전에 난 미리 알아서 사다놓았다. 우리들 장애로 할 수 있는 일과 없는 일들을 서로가 도우면서 생활을 했다. 어쩌면 끼리끼리 모인다는 것이 맞는 것 같다. 함께 점심을 먹는 친구들은 대부분 성실하고 열심히 살려고 노력하는 친구들이었다. 그 후 친구 H는 결혼하여 두 딸의 엄마가 되었다. 아저씨는 고기집 사장이 되었고, 사고로 손과 다리가 불편한 남자친구 O는 공무원 시험에 합격하여 공무원이 되었다. 난 지금 글을 쓰게 되었다. 다른 친구들은 아직도 직업이 없어 안타까운 일이다.

자격증 시험공부 한다고 밤 10시까지 남아서 공부를 했다. 매점에서 컵라면을 사먹는 것이 아까워, 난 마트에 가서 우리 학생들과 같이 먹을 것을 사다가 사물함에 놓고 같이 먹기도 했다. 그때 라면은 왜 그렇게 맛있었던지 그 시절이 그리워진다. 사실 공부한다고 다른데 신경쓸 여유도 없었다. 2년 동안 정말 죽어라 공부만 했다. 2년 후 졸업을 하고나서 통장을 보니, 거금이 차곡차곡 쌓여있었다. 그 통장에는 불편한 손으로 극복한 눈물의 대가와 컴퓨터 대회에 나가서 받은 상금과 장학금 2번 받은 것들이 고스란히 들어 있었다. "그동안 정말 수고 많이 했다고, 축하한다."며 통장이 나를 보고 환하게 미소 지었다.

가끔은 이런 나에게 질투 아닌 질투를 하는 이도 있었다. 세월이 지나고 보니, 잠시 지나가는 바람과 같은 것이었다.

세월이 흘러 생각해봐도 나 자신도 역시 이런 기특한 생각을 했다는 것에 신기하기만 하다. 그나마 얼마 안 되는 돈이지만 다행이었다.

함께 밥을 먹던 따뜻한 마음들을 가진 친구들처럼 나도 누군가에게 따뜻한 사람이 되었는지 가슴에 손을 얹어본다. 그 친구들이 그렇게 해주지 않았으면 그런 돈이 통장에 존재하지 않았을 것이다.

아~ 고마운 친구들아 잘 지내고 있겠지? 오늘 따라 그 친구들이 더욱더 보고 싶어진다. 목돈의 무게만큼이나….

(2012. 12. 3)

웃었다고

웃을 수 있는 일은 즐거운 일이다. 하루에 사람들은 몇 번이나 웃을까? 웃음이 있다는 것은 그만큼 생활에 활력을 준다. 아마 웃는 일보다 슬픈 일이나 힘든 일들이 많을 것이다. 특히 비웃음은 다른 사람에게 상처가 된다.

혜화역에서 내려서 이야기 조각보* 모임에 가는 중이다. 그곳에 가 사람들을 만날 생각에 기분이 좋다. 아마 글을 쓸 수 있다는 것은 기분 좋은 일이다. 이런저런 생각을 하다보니, 나도 모르게 싱글싱글 웃었나보다.

옆에 가던 사람이(50,60대) 나를 보고 뭐가 좋아서 웃고 다닌다

---

* 조각보 모임 :성북자립생활센터에서 하는 한 프로그램으로 여성 장애인들의 모임이다. 1년에 10회 정도 모여서 서로 이야기를 나누고 글을 쓰는 모임이다. 그 모임을 통해서 마음의 치유에 큰 도움이 된다.

고 한 마디 한다. 그 순간 화가 나서 이 미친×아 하고 큰소리로 욕을 하였다. 아마 그 남자는 내가 욕하는 것을 들었을 것이다. 불편한 사람이 뭐가 좋아서 그렇게 웃을까? 아님 그런 몸으로 웃는 것이 한심하게 느껴졌을까? 불편한 모습으로 웃는 것이 부러웠을까? 막상 욕을 했다는 죄책감으로 기분이 더 좋지 않았다. 좀 참을 걸하고 후회도 하지만 이미 늦었다. 어쩌면 그런 대접에서 내가 참아야만 하는가? 아니면 나도 기분 나쁘다고 욕을 해서 싫은 표현을 해야 하는가? 때로는 어떤 것이 옳은 것인지 판단이 되지 않는다.

내가 비장애인이었다면 아무도 뭐라고 하지 않았을 것이다. 장애인에 대하여 왜 그렇게 관심이 많은지 모르겠다. 자기들보다 못하다는 생각에 자꾸 건드린다. 자기들 보다 배우지 못하고 능력도 없다고 생각하는 사람들, 어쩌면 그 사람보다 내가 더욱더 행복한지 모르는 일이다. 돈을 벌고, 글을 쓰고, 성실히 살아가면서 한 발작씩 더 가까이 꿈을 위해 간다는 그 자체가 행복하고 즐거운 일이다.

욕을 하면 기분이 더 좋을 것 같은데, 그렇지 않다. 누가 뭐라고 해도 그냥 더욱더 웃으면서 지나가야지 하면서도 막상 닥치면, 또 화가 나고 속상하다. 그런 것들을 그냥 웃고 넘어갈 정도까지는 아직 철이 들지 못했다. 언제 철이 들지 모르겠다. 나도 내 마음 대로 잘 안 된다. 앞으로는 절대 화내지 말고, 참고 웃으면서 넘어가야겠다고 다짐을 또 해본다. 오죽 못난 사람이면 장애인에게 한 마디 해서 마음 아프게 만들고 갈까?

그래 누가 뭐라고 하던 웃고 또 웃자. 나의 삶은 결코 불행하지 않다.

(2015. 10. 24.)

컴퓨터는 내 소중한 보물단지

뇌병변 2급인 나는 오른손이 불편해서 글쓰기가 어렵다. 그런데 동생들이 컴퓨터를 하는 것을 보니, 나도 한 번 배우고 싶다는 생각이 강하게 들었다. 그 생각과 실천은 이제 와서 돌아보면 참 잘한 일이다. 장애로 힘들고 아팠던 일들, 행복했던 일들을 이렇게 글로 남길 수 있고 아름다운 시도 쓸 수 있지 않은가?

노력하면 할 수 있다.

93년 10월부터 야학 영어 선생님께서는 학생들 네다섯 명을 모아 일주일에 두 번, 저녁 8시부터 10시까지 무료로 컴퓨터를 가르쳐 주셨다. Windows가 아닌 DOS를 사용하던 시절이라, 우리가 배운 컴퓨터 프로그램은 DOS를 비롯해 한글, 캐드 등이었다. 나는 좋은 기회라 생각하고, 일 년 동안 누구보다 열심히 배웠다.

처음에는 아무리 열심히 해도 자판 속도가 늘지 않았다. 1분에 30타 이상은 힘들었다. 그러나 시간이 있을 때마다 자판 두드리는 연습을 계속 했더니, 강산이 변하고도 남을 세월이 지나 드디어 지금은 300타가 넘는다. 장애는 단지 불편한 것일 뿐, 노력하면 불가능은 없다는 사실을 새삼 깨달았다.

그때부터 내게는 다른 세상이 열렸다. 시상이 떠오르면 컴퓨터로 글도 쓰고, 책도 읽는다. 또 수필과 시를 가르쳐 주시는 좋은 교수님을 만나, 9년이 넘도록 작가가 되기 위한 글공부를 하고 있다.

이후 정립회관 정보화 교육장에서 3개월 동안 실시한 한글, 워드, 엑셀, 플래시, 포토샵 교육 과정도 참가했다. 그리고 1999년 말경에는 일자리까지 얻었다. 10개월 동안 워드 입력과 수정 작업을 하며 번 돈은 월 최대 64만원. 내가 컴퓨터로 돈을 벌다니…. 나의 노력은 헛되지 않았던 것이다.

목표를 차곡차곡 달성해 가며

직업의 일환으로 컴퓨터를 마주하다 보니, 이제는 좀 더 컴퓨터를 깊이 배우고 싶었다. 일반 학원을 알아보았지만, 그곳은 교육비도 비싸고, 간다고 해도 내 불편한 손이 그들의 속도를 따라갈 수 없을 것 같았다. 언제나 마음뿐이었다. 학원들은 돈을 많이 버는 것 같던데, 장애인반을 무료로 만들어서 사회에 기여하면 얼마나 좋을까? 가끔 이런 생각도 해보았다.

그러던 어느 날, 정립회관에서 웹마스터반을 모집한다는 공고가 붙었다. 서류 합격 후 면접을 받으러 오라는 연락이 왔다. 나는 나이도 많고 언어 장애에다가 손과 다리까지 불편하다. 즉, 2년 동안 배우더라도 취업은 힘들 것이라는 생각이 앞섰다. 취업 여건이 안 되는 사람에게 취업 공부를 할 자격을 주겠어…? 거의 기대하지 않았다. 그런데 면접을 하고 며칠 후, 합격했다는 연락을 받은 것이다. 솔직히 처음에는 두려웠다. 나이도 많고 장애도 다른 사람보다 심한데, 열심히 해도 따라가지 못하면 어떻게 하나? 걱정이 태산이었다.

하지만 2004년 2월 2일, 웹마스터반에서 공부를 시작하면서 나는 이 걱정들을 조금씩 지워 나갔다. 공부는 재미있었고, 자판 연습도 되어 있기에 속도를 어느 정도 따라갈 수 있었다. 꽤 잘하지는 못했지만, 가끔은 내 자신이 대견스러울 때도 있었다.

그리고 컴퓨터 학습의 좋은 점은 자격증 취득 등으로 '끊임없이 목표를 갖게 된다'는 것이다. 나도 그랬다. 자격증 시험공부를 하면서 하루 종일 책상에만 앉아 있느라 살이 찌고 배가 나오기는 했지만, 독한 감기몸살도 꾹 참고 2년 동안 지각 한번 하지 않았다. 때로는 아침부터 '오늘은 정말 쉬고 싶다'는 유혹을 느끼기도 했지만, 뒤떨어질까봐 참아 내었다. 너무 피곤해 다리에 힘이 빠져 넘어지면서도 다녔다. 컴퓨터 그래픽스에서도 불편한 손 때문에 펜 툴이 잘 안 되어 애를 먹었지만, 연습을 거듭한 결과 속도는 점점 빨라졌다,

마침내 나는 컴퓨터 활용능력 2급 자격증과 인터넷 정보검색사 3급, 2급을 취득하였다. 10년 전, 워드프로세스 3급 필기시험에

는 합격했지만 실기에서 떨어져서 포기하고 있었는데 워드프로세스 2급 자격증도 취득하였다. 장애인 기능대회에 나가 '워드프로세스 은상'을 수상하고, 정보화 한마당에서 '워드프로세스 동상'도 수상했다. 물론 컴퓨터 그래픽스 운용기능사 실기시험에서는 고배를 마셨지만, 이 역시 앞으로 내가 넘어야 할 산이며, 이루어야 할 목표다. 이렇게 나는 내 앞에 놓인 현실을 긍정적으로 바라보게 되었다. 용기도 생겼다. 공부하면서 좋은 친구들, 좋은 선생님들을 만날 수 있었던 것 또한 행복이며 행운이었다. 또 2년동안 공부하면서 점심과 차비로 지원받은 월 10만원, 대회에 나가 받은 상금, 두 번이나 받은 장학금 등이 내 통장에 차곡차곡 쌓여, 지금은 3백만 원이 넘는다. 결국 나는 돈을 벌어가면서 4개의 자격증과 좋은 경험들을 얻은 것이다. 이런 내 자신이 한없이 자랑스러웠다.

'선생님'이 되고 보니

그리고 2년의 자산은 나에게 또 다른 기회를 제공했다.

정보화 교육장에서 보조강사로 일해 볼 생각이 없느냐?" 했다.

선생님의 제안을 흔쾌히 받아들여, 나는 2006년 2월 2일부터 컴퓨터 보조강사를 맡았다. 아침 10시부터 오후 4시 30분까지 선생님이 앞에서 설명을 하시면, 나는 잘 따라오지 못하는 학생들을 가르쳐 주었다. 수강생들은 연세가 많으신 분들이라 배운 것을 자주 잊어버리지만, 쉬는 시간에도 질문을 계속할 만큼 열의를 가지고 계시기 때문에 보조강사는 꼭 필요한 존재였다.

그분들을 가르치면서 나도 실력이 늘었다. 말을 많이 하다 보니 발음이 좋아졌고, 다리에 힘이 생기고 건강하게 살도 빠졌다. 무엇보다 '선생님'이라는 호칭을 들을 수 있다는 게 쑥스럽고 행복했다. 남에게 도움을 줄 수 있다는 것도 행복했다. 늘 남에게 받기만 하던 내가 누군가를 위해 일할 수 있다니, 이만한 보람이 없었다. 또 우리 과정의 수강생들은 장애인과 그 가족들로서, 젊은 사람, 나이든 사람, 장애인, 비장애인이 함께 어울리니, 그 훈훈한 사랑이 넘쳐 내 마음에까지 와 닿았다.

보조강사를 하면서도 나는 관련된 일을 틈틈이 한다. 직업재활알선 선생님의 소개로 지난 가을에는 DB구축, 즉 데이터를 입력하는 프로젝트에 투입되었다. 하루 종일 앉아서 일하는 것도 정말 좋았고, 아침저녁 출퇴근하는 자의 기쁨도 맛보았다. 월급도 80만 원이었는데, 그렇게 많은 돈을 벌어본 것은 처음이었다. 원래 알뜰한 내게는 용돈의 8배나 되는 돈이다. 이렇게 계속 일할 수 있다면 부자가 될 것 같다. 컴퓨터 관련 역량을 당장 활용할 수 있는 프로젝트들은 많이 생기는 편이다. 같은 자세로 앉아서 일하는 것이 수월한 장애인들에게 컴퓨터만큼 일감을 획득하기 수월한 역량은 많지 않다고 본다. 그리고 많은 경험들을 통해 나는 단단해졌다. 옛말에 '쇠는 불에 달굴수록 단단해진다'라고 하지 않은가. 컴퓨터로 나진 나의 역량(쇠)이 사회를 경험하고 더 많은 공부를 하면서(불) 단단해지는 것이다.

바쁘고 행복한 일상

지금은 프로젝트가 끝나서 다시 보조강사의 자리로 돌아왔다. 그냥 집에 있다면 늦잠을 자고 혼자 게으름만 피울텐데, 다행히 일이 계속 주어진다. 보조강사를 하니 컴퓨터도 잊어버리지 않고, 사람들도 사귀고, 정보도 들을 수 있다. 누군가 "쉬는 날 뭐하세요?"라고 물으면 빙그레 웃는다. 나는 혼자서 잘 논다. 자격증 공부도 하고, 글을 읽고, 시나 수필도 쓴다. 사람도 만나고, 수영도 한다. 인터넷으로 필요한 강의를 듣거나 책을 사거나 지식을 검색하기도 한다. 친구들과 메신저도 하고, 가끔 게임도 한다. 비장애인보다 더 바쁘게 살고 있다.

모두들 나를 보고 "얼굴이 좋아지셨다"고 한다. 보람과 자신감이 아마도 얼굴을 밝게 해 주었을 것이다. 만일 컴퓨터 교육이 없었다면 지금 이런 상태에서 무엇을 할 수 있었을까. 때로는 10년만 젊었어도 더 좋은 조건으로 취업할 수 있을 텐데 하는 아쉬움도 든다. 그러나 지금만으로도 나는 충분히 행복하다.

아! 그러나 아무리 내가 찾고 노력한다고 해서 다 이루어질 수는 없다. 컴퓨터와 좋은 선생님들이 있었기에 오늘이 있었다. 여러 선생님들, 교수님께 어떻게 감사를 드려야 할까. 내가 그분들에게 보답하는 길은 변함없이 열심히 살아가는 것이다. 그리고 나를 필요로 하는 분들에게 아낌없이 봉사하는 것이다.

"선생님, 교수님, 제가 이렇게 컸습니다. 정말 고맙습니다. 나를 성장시킨 컴퓨터야! 네가 있어서 정말 고맙다. 넌 나의 소중한 보물단지야!"

2006. 12. 21.

(2006 국민정보화교육 우수사례 수기 우수상 받음. 한국정보문화진흥원)

부자가 될 것 같은데

직장이란 곳을 몇 년 꾸준히 다니고 싶다. 어쩌다 장애인으로 태어나서 직장 없이 살아야 하는 것이 정말 막막하다. 어떻게 살지 그러면서도 지금까지 부모님 도움으로 살아왔다. 또한 어릴 때부터 부모님께 돈이 귀한 것을 배웠다. 그것은 나에게 있어 아주 큰 고마운 선물이다. 가끔씩 직장을 얻어 다닐 때, 나도 돈을 벌어 저축할 수 있다는 생각에서 누구보다 열심히 일했다. 결국 1년 안팎으로 다니다가 그만 나가라고 해서 또 실업자가 된다. 이 허탈한 마음 때문에 울기도 했지만, 지금은 눈물도 안 나온다. 그런데 가슴은 아프고 쓰리다. 이력서를 보니 직장을 그래도 10군데나 다녔다. 조금만 다니다가 그만두어야 하는 그 심정. 다른 비장애인들은 월급이 적다고 데모를 하는데, 장애인은 최저 임금도 받기 힘들다. 써 주는 것만이라도 고맙게 생각해야 하는 것이 현실이다.

이번 그만 둔 직장 동료를 보면서 정말 생각 없이 산다는 생각을 했다. 매일 돌아가면서 간식 사라는 사람들을 보면서다. 직장동료들 커피나 생과일주스 한 턱 내는 날은 5만 원 정도 들어간다. 나도 얻어먹는 것이 미안해 가끔씩 산다. 우리 어머니 아버지는 이런 고급커피, 생과일주스는 아까워서 못 먹는데, 딸이라는 인간은 직장에서 서로 사주고 얻어먹는다. 왠지 미안하다. 나도 그들 따라 입이 고급이 되어가고 있다. 어떤 동료는 저축하는 것 자체가 신경 쓰는 것이 싫단다. 그러면서 몸 불편하다고 장애인 콜택시를 타고 출퇴근을 한단다. 한 달에 차비만 해도 50만원이 들어간다고 한다. 어떤 동료는 나보고 장애인콜택시를 왜 안타고 다니느냐고 한다. 그 이유는 돈도 아깝고 편안하게 살면 살도 찌고 다리 근육이 빠져서 그만큼 걷지 못할지도 모르는 일이다. 물론 돈을 써야 경제가 돌아가지만 없는 사람이 다른 사람들처럼 똑같이 쓸 수 없는 일이다.

어떻게 생각하면 작장이 없어서 벌지 못하는 사람이나 직장이 있는데 그냥 돈을 다 써 버려서 저축을 못하는 사람과 다른 것이 없다는 생각을 한다. 삶에 있어서는 정답이 없는 것 같다. 그렇게 생각하면 기죽을 필요도 없는 것 같다. 만약 내가 이렇게 평생을 알뜰하게 살았던 것처럼 직장에 몇 년 동안 다니면 부자가 될 것 같은데, 나에게 이런 운이 없는 것 같다.

또 일자리를 잃어서 이젠 돈을 벌지 못하니 더욱더 아껴서야 하겠지. 그렇다고 무엇을 특별히 가지고 싶은 것도 없다. 늘 하루하루 바쁘게 살다가보니, 남들이 자랑하는 멋있는 옷도, 액세서리도, 맛있는 음식도 별로 관심이 없다. 나에게 관심은 책을 읽고, 글을 쓰고, 보다 더 좋은 삶을 살기위해 더 배우고 노력하는 일이다. 그런 것들에 온 힘과 신경을 다 쓰고 살고 있다. 이것이 때로는 힘들지만 보람이 있다. 때로는 한 달 동안 어떻게 돈을 안 쓸까 궁리도 한다. 너무 바쁘다보니 돈 쓸 일도 없다. 그렇다고 너무 돈을 안 써서 주위사람에게 미움은 받고 싶지도 않다. 때로는 쓸 때 쓰기도 한다. 그냥 돈이 있어도 없는 것처럼 살 것이다. 돈이 인생에 있어서 꼭 행복한 것만은 아닌 것 같다. 있으면 좋겠지만, 꽃동네 신부님은 얻어먹을 수 있는 힘만 있어도 행복하다고 했다.

내가 태어나고 우리 집 살림이 늘었다고 한다. 아마 너처럼 늘 열심히 알뜰히 사는 사람은 없을 것이라며 어머니 아버지는 우리 집 복덩이라고 말씀하신다. 과연 내가 복덩이였을까? 그렇지 않다고 생각한다. 물론 돈을 많이 벌 수 있으면 좋겠지만 운도 따라야 하는 것 같다.

(2016. 6. 1)

복지사를 만나면서

매월 말일은 출근부와 작업일지를 성신여대에 있는 복지관에 가져다주어야 월급을 받을 수 있다. 그곳에 가면 복지사가 반가운 모습으로 나를 맞아들인다. 음료수까지 따라주면서 일은 힘들지 않는지. 어떻게 한 달 동안 지내는지 자세히 물어본다. 상냥하고 친절해서 복지사로 책임을 다하는 모습이 아름답다. 다른 복지사도 많이 만나 보았지만 그녀는 아주 특별하다. 정상인 같이 보이는 그녀도 눈이 잘 안 보인다고 한다. 렌즈를 껴 장애가 있는지 잘 모른다. 자기가 시각장애인이라는 말을 하지 않으면 말이다. 그 아픈 장애를 극복하고 복지사로 일하는 그녀의 모습 뒤에는 내가 상상도 못할 아픔이 많았을 것 같다. 나도 그랬다. 그런 것들을 다 극복하고 복지사로 다른 장애인들을 위해 일하는 모습에서,

나도 그렇게 살아서 다른 사람들에게 희망과 기쁨을 주고 싶다.

요즘 들어 아름다운 사람들을 많이 만난다. 지금 같이 일하는 있는 동료들, 그리고 지금 복지사도 말이다. 장애가 있다는 것 자체가 힘든 것이다. 다른 사람들보다 노력도 많이 해야 하고 세상에서 특별한 눈으로 이상하게 쳐다보는 사람에게 그 정도는 괜찮다. 자기들보다 못한 사람들이라고 비웃음과 멸시와 차별들을 얼마나 많이 받아야 하는가? 그럼에도 그 아픔들을 다 이기고 천사같이 밝은 얼굴로 남을 위해 배려하면서 살아가고 있는 사람들.

세상은 개인주의와 이기주의로 살아가는 사람들이 꽤 많다. 자기 자신밖에 모르고 살아가는 사람들 또 얼마나 많은가? 다른 사람들이 상처를 받거나 힘들어하던 아무상관 없이 자기 자신만 편안하면 다 된다고 착각하는 사람들. 조금만 힘들어도 다른 사람들에게 싫은 소리를 거침없이 하고, 작은 상처만 받아도 찡그리고 서로 미워하고 원망하는 사람들, 더구나 약자에게는 아무렇게나 말하고 더 못되게 행동하는 사람들도 꽤 많다.

나도 그랬던 것처럼. 지금 만나고 있는 아름다운 사람들도 처음에는 무척이나 많이 아프고 힘들었을 것이다. 살아가면서 그들도 세상살이에 익숙해져서 참고 견디고 인내하다가 보니, 밝은 얼굴과 성실한 모습으로 열심히 살아가게 되었다고 나는 생각한다. 그것들이 살아가는 유일한 방법이었을 것이다. 조개에 모래가 박혀 진주의 아름다움 만들듯이 말이다. 주위에 힘들다고 찡그리면서 자기 책임도 못하고 살아가는 사람들이 꽤 많다. 그런 반면에 다른 사람들보다 몇 배 어려운 환경 속에서도 다 극복하고 밝고 웃으면서 살아가는 사람들도 꽤 많다. 그 사람들을 보면 나까지 기분이 좋아지고 나도 그렇게 살아야겠다고 다짐한다.

요즘 이 아름다운 사람들을 만나면서 나도 더 밝고 부러운 말과 착한 행동으로 살아야겠다고 느낀다. 이렇게 아름다운 사람들을 만나게 해주신 신에게 감사한다. 그들은 아름다움을 전하는 향기로운 꽃들이다.

(2015. 4. 5.) 『여울』 2016. 2. 3.

귀한 사람들

우리는 많은 사람들을 만나고 사는 것이 얼마나 귀한 일인가?

언니들을 만난 날로부터 28년이 흘렀다. 앳된 얼굴을 세월이 바꾸어 놓았지만 오랫동안 잊을 수 없었던 소중한 사람들이다. 아름다운 인연을 맺으려고 그랬나보다.

수녀님들이 운영하는 복지관을 찾았다. 기술을 배워서 취업을 하려는 희망을 안고서. 그곳에서는 컴퓨터 기술과, 수공예, 도자기, 목공예 등이었다. 수공예반에 들어가 1년 동안 배웠다. 뜨개질이나 수놓기, 편물 같은 것들을 해볼 수 있었다. 선생님은 그렇게 수를 놓아서는 밥은커녕 죽도 못 벌어먹겠다고 하셨다. 불편한 손으로 섬세한 작업을 하자니 더디고 능률이 오르지 않아 답답했다. 또 한 번의 좌절을 경험한 시기였다. 냉정한 선생님의 말에 때로는 상처를 받았다. 그렇지만 같이 배우는 언니들은 달랐다. 잘 못한다고 따돌리는 일이 없었다. 먼저 배운 것을 끈기 있게 가르쳐 주었다. 마음을 터놓고 지내는 동안 서로 믿고 의지하게 되어 자매간처럼 가까워졌다.

복지관 교육을 마치고 취직을 하였다. 배운 것과 상관없는 단순한 일이었다. 처음으로 얻은 일자리에서 쓰라린 경험을 했다.

사람들은 나를 동료로 대하지 않았다. 나의 장애를 차가운 눈으로 바라보았다. 업무와 상관없는 취사나 청소 같은 궂은 일도 시켰다. 미안한 기색도 없이. 결국 심신이 견딜 수 없을 만큼 약해져서 일을 그만 둘 수밖에 없었다.

나는 또 다른 일자리를 찾아다니면서 한쪽으로 컴퓨터를 배우고 글을 썼다. 그동안 다른 언니들은 결혼을 하여 가정을 꾸려 나가느라 정신없이 바빴다. 아이들이 어느 정도 자랄 때까지 만날 수 없었지만 우리는 서로의 전화번호를 소중히 지니고 있었다. 그 때로부터 28년이 지난 어느 날 우리는 만났다. 무어라 말할 수 없이 반가웠다.

어눌하고 손과 다리가 불편한 M언니. 공무원인 남편을 만나 딸을 낳았고 이제 딸이 대학생이 되었다. 그녀는 2급 복지사 자격증을 땄고, 쉰둘에 공부를 더하기 위하여 사이버 대학에 공부하고 있는 중이다.

손이 불편하고 전동휠체어를 타고 다니는 S언니는 가난하여 공부를 할 수 없었다. 언니는 수녀님의 후원으로 늦게 공부를 시작하여 대입검정 시험에 합격했다. 놀랍게도 방송통신대학의 국문학과에 입학하였다. 결혼하여 아들 둘을 얻었고 아이들을 키우면서 자동차회사의 영업사원이 되었다. 실적이 좋아 전국 1위를 차지하기도 하며 17년 동안 그 일을 하고 있다고 한다.

O언니는 손이 불편하다. 결혼하여 예쁜 딸을 낳아 잘 키워서 지금 대학생이라고 한다. 남편이 알콜 중독자가 되어서 병원에 있다고 한다. 기초생활 수급에 의지하여 겨우 살고 있다고 하였다. 옛날에는 통통했는데 많이 야위었다.

목발을 양쪽에 짚고 있던 G언니는 교육을 마친 후 공무원 시험에 합격했다. 단 한 번의 실패 후에 붙을 만큼 실력이 있는 사람이었는데 7,8년 전에 세상을 떠났다고 했다. 폐암이 머리까지 전이 되어 발병한지 6개월 만에 다시는 돌아올 수 없는 길을 떠났다. 아까운 언니! 얼마나 알뜰하게 돈을 모았던지 병원비와 장례비를 지불하고도 남아서 형제들이 나눠 가졌다고 한다.

19살이었던 그때, 나는 수공예과의 막내여서 언니들의 사랑을 듬뿍 받았다. 몸이 많이 불편했지만 야무지고 똑똑했던 우리 반 학생들! 서로 의지하며 기쁨도 슬픔도 함께 했던 그 때로부터 그 때가 28년 전이라니. 그동안 살아남기 위해서 얼마나 울고 괴로워했던가? 언니들도 험한 세상을 살아오면서 얼마나 힘들었을까? 어려움을 이겨내고 잘 살아가는 모습을 보니 놀랍고 자랑스럽다.

누가 우리들을 장애인이라고 감히 손가락질을 할 수 있겠는가? 언니들은 세상 누구보다 귀한 사람들이다.

자주 만나기로 약속하고 헤어졌지만 그럴 수 있을까 걱정이다. 이번 해도 오랜만에 만났기 때문에 다시 만날 수 있을지 모르겠다. 어두운 생각을 떨쳐버리고 하늘을 본다. 마음속에 새겨진 언니들의 얼굴을 하나씩 떠올리며 소리 내어 말해본다. "희망을 잃지 않고 열심히 살다보면 좋은 날이 있을 거야."라고.

(2014. 12. 7.)

교육을 받으며

오늘은 장애인 날이다.

40시간 교육과 10시간 실습이라는 교육을 받아야 활동보조를 할 수 있다.

활동보조란 1~3급 중증장애인들이 못하는 것을 시간에 맞추어 청소, 빨래, 외출 등을 도와주고, 그 밖에 장애인들이 못하는 것을 도와주는 일이다.

강의 들으면서 동감하는 것이 많았다. 장애인이 아니고서는 아무도 그 아픔과 힘들게 살아가는 것을 모른다. 강사가 장애인 물건이나 그밖에 있는 물건들을 함부로 옮기지 말하고 한다. 그것은 장애인이 제일 편안한 곳에 쓰기 좋게 놓아둔 것이기 때문이다. 또한 장애인이 도움을 청하기 전에는 먼저 행동을 하지 말 것이며, 나이에 맞지 않게 아이들 취급하지 말라는 것이다. 나 같은 경우도, 생각은 하는데 몸이 느리다 보니, 내가 행동하기 전에 먼저 앞서서 말하거나, 가르치려고 들 때 상처가 된다. 빨리 행동 못한다고 구박도 많이 받았다. 어느 날 시각장애인이 외출을 하다가, 지하철 철도에 떨어져 다리를 8바늘을 꿰매었다. 사고가 났는데 어떤 사람이 그냥 집에 있지, 쓸데없이 돌아다닌다고 한 마디 했다는 것이다. 다쳐서 아픈 것보다 그 말이 더 아팠다고 했다. 나도 그랬다.

아침에 출근을 하는데, 병신이 아침부터 가루 걸리게 돌아다닌다고 재수 없다고 했다. 어디 그뿐인가? 내가 모르는 사람이 오고가는 길에서 어디 가느냐고 꼭 물어본다. 직장이나 학교에 공부하러 간다고 하면 예쁘고 대견하다고 아이 취급한다. 50이 다 되어가는 마당에 그런 대접을 받아야 하는가? 비장애인이라면 아무도 내가 어디 가는지 무엇을 하는지 궁금하게 생각하지 않을 것이다. 더구나 "너는 매일 어디 그렇게 쓸데없이 싸돌아다닌다."고 한 마디 한다. 너무 쓸데없이 관심이 많다. 그냥 모른척하는 것이 돕는 것이다. 특별하다는 것이 때로는 나에게 상처가 되고 힘들다.

지하철에 승강기가 생긴 것도 장애인들이 10년이 넘게 투쟁한 끝에 얻어낸 성과이다. 장애인들이 아침 출근길, 지하철 철로에 내려가 30분씩 농성을 하였기 때문에 그 죗값으로 지금에 와서까지 벌금을 내고 있다.

그로 인하여 노인들과 유모차 끌고 아주머니들이 편하게 다닐 수 있게 되었다. 덕분에 나도 편하게 승강기를 이용하고 있다. 그동안 다리는 불편하지만 계단으로 그나마 다닐 수 있었다. 아마 내가 휠체어에 의지하면서 살았다고 하더라도 투쟁 할 배짱은 없었을 것이다. 용감하고 희생적인 장애인들 덕분에 편하게 다니고 있어 미안하고 고맙다.

그럼에도 불구하고 노인들은 장애인이 빨리 타지 못한다고, 전동휠체어가 타면 자리 차지한다고 싫어한다. 그리고 다리가 불편한 장애인이 타면 때로는 먼저 내리려고 밀어서 넘어지기도 한다. 조그마한 배려가 있었으면 좋겠다. 하지만 비상애인들 입장에서는 우리들 같은 사람이 다니는 것이 눈에 거슬리고 그만큼 신경도 써야하고 같이 생활한다는 그 자체가 스트레스 일수도 있을 것이다. 가만히 내 자신이 참고 이해하는 수밖에 없다. 장애인으로 살아가는 그 자체가 비장애인에게 미안한 일이다. 요즘 지하철을 타고 오고가면서 옛날에 나도 TV에서 장애인들이 데모하고 있는 모습을 보면서 비웃었던 기억이 떠올라 괴롭다. '그렇게 한다고 세상이 변화할까?' 이런 생각을 하였다. 지금에 와서 생각하니 너무나 미안하고 고맙다.

활동보조도 장애인들의 투쟁으로 2007년에 생겼다고 한다. 그들이 울면서 휠체어에 내려서 기어가면서 투쟁을 하였다. 그것들이 미워서 지하건물에 감금하고 전기와 승강기를 다 끊어버렸다. 그 와중에 소중한 한 생명이 급성 폐염으로 인하여 사망까지 하였다. 그분들의 희생이 다른 장애인들이 밖으로 나와 활동할 수 있게 되었고, 또한 다른 비장애인이 장애인을 도와주면서 돈을 벌 수 있게 되었다. 많은 사람들이 장애인들을 도우면서 장애인 인식도 개선이 될 것이다. 그럼에도 불구하고 활동보조가 장애인을 함부로 하거나, 이용자가 너무 지나치게 활동보조를 착취하는 점도 있다. 그런 면에서 아직 개선될 것이 많다.

시설은 더 심각하다. 담당자 1명이 장애인 6명을 돌봐야 한다고 한다. 한 명으로 손길이 부족하다. 그곳에서는 그 규칙을 따라야만 하기 때문에 자기 개인생활은 없다. 오죽하면 자리를 뜰 수가 없어 소변을 참다가 사망까지 한 적도 있다고 한다. 사람들이 그들을 위해 돌아가면서 한 달에 한 번, 일주일에 한 번이라도 봉사하는 사람이 있었으면 좋겠다는 생각도 해본다. 시설이 사라지는 것이 복지국가로 가는 길이라고 한다. 토요일 일요일에도 도움이 필요한데 활동보조인이 다들 쉬고 싶어 한다. 그것도 문제다.

다른 사람들은 장애인들이 이런 아픈 역사 속에서 살았다는 것을 알까? 장애인들은 인간답게 살기 위해서 투쟁을 하였다. 그 결과 사회는 조금씩 좋은 쪽으로 변했다. 아직 지금도 문제가 많다. 오늘 장애인 날, 하루 챙기는 것보다는 더 좋은 쪽으로 변했으면 좋겠다.

40시간을 교육 받으면서 하늘은 푸른데, 고립되어 살아가는 장애인들이 많다는 것에 눈물을 흘리기도 하였다. 나도 다른 장애인들에게 잘 해주어야 하겠다. 과부 마음 과부가 안다고 했다.

(2016. 4. 20.)

그래 맞아

일요일 오후 소피아(성당 세례명)자매님 으로부터 전화가 왔다.

내 생각이 나서 전화 했다며 내일 성지 순례에 같이 가자고 했다. 마침 그렇지 않아도 전대사* 때문에 혼자라도 갈 생각이었다. 마음으로 생각해 주어서 정말 고마웠다. 이 일도 하느님 뜻이라고 생각하니, 너무나 감사했다. 더구나 자매님이 차를 가지고와 편히 갈수 있었다.

아침 일찌 나왔는데, 명동성당에서 10시 미사가 진행되고 있었다. 오늘은 전대사 받기에 틀렸다. 미리 와서 고백성사를 봐야 한다. 또한 기도와 묵상도 해야 한다. 미사시간도 늦어버렸다.

결국 다음에 혼자 한가한 날, 아침 일찍 장애인 택시를 불러 타고 와야 하겠다. 명동 성당이 제일 가깝다. 절두산 순교성지 성당, 중림동 약현 성당, 새남터 성당, 삼성산 성당, 당고개 순교성지 성당 등이 있는데, 전철을 타고 가서, 한참을 걸어야 한다. 요즘 너무나 바빠서 생각지도 못하고 있었다.

미사 강론 시간에 신부님 강론 시간이 다 좋았지만, 그중에 "행복은 올바른 길로 곧게 걸어가는 것이 행복"이라고 말씀하셨다. 그래 맞아하고 내 가슴에 화살이 날아야 꽂혔다. 사람이라면 누구나 행복하게 살아가길 원한다. 눈으로 보이지 않는 행복, 그것을 위해 정신없이 주위 사람들을 생각하지 않고, 앞으로만 달려가는 사람들도 있다. 행복은 부자도, 권력도, 아닌 것 같다. 가질 수 없는 것들을 가지려 할 때, 시기, 질투, 욕심, 미움, 교만 등이 우리 자신들을 불행의 길로 밀어 넣는 것이다. 마음의 그릇들을 비우고, 내려놓는 것이 행복한 것이라고 생각한다. 이런 좋은 말씀을 듣기 위하여 주님이 인도해 주신 것에 감사한다.

옛날에 산다는 자체가 고통이었다. 나이가 들어가면서 살아가는데 면역력도 생기고 살다가 보니, 보람과 살아야 하는 이유가 생겼다. 지금은 거의 불행하다고 느끼지 않는다. 요즘 그나마 난 행복하다고 느낄 수 있다. 이렇게 걸어 다닐 수 있고, 말을 할 수 있고, 들을 수 있고, 볼 수 있고, 만질 수 있다는 그 자체가 행복하다. 부자는 아니지만, 크게 돈 걱정 없이 쓰고, 부족한 것이 있으면 하느님께서 또 채워주시니, 얼마나 감사하고 고마운 일인가? 그 속에서 주님의 사랑을 느낀다. 사실 하루하루 불평불만만하면

난 하루도 못 살 것 같다. 사실 나에게 긍정의 힘을 주셨는지도 모른다. 없으면 돈 쓰지 않으면 되고, 내가 할 수 없는 것들 안하면 된다. 내가 좋아하는 사람들을 만날 수 있고, 내가 하고 싶은 것 자유롭게 돌아다니면서 만남의 인연을 맺는다. 얼마나 행복한 나날인가? 가끔 사람들이 나를 보고 말과 행동으로 상처들을 주어서, 그것도 계속 받다가 보니, 화가 나기도 한다. 하지만 그런 것들은 잠시 지나가는 바람일 뿐이라고 생각하니, 때로는 마음이 편안해진다. 그렇게 잘 참다가도 화가 나 미칠 것 같은 날들도 있다. 사실 화를 내고 신경질 부리면 좀 마음이 편안할 것 같은데, 실은 더 괴롭다. 난 철이 더 들어야 한다는 생각을 한다. 어쩌면 그런 사람들이 있어 더 바르게 열심히 살려고 노력했는지도 모르는 일이다. 주님께서 그래도 화가 나고 힘들어도 참고 견디어 살아가는 것이 너에게 최선의 방법이라고 가르쳐 주시는 것 같다.

미사를 보고 소피아 자매님과 같이 차를 타고 오면서, 소피아 자매님도 행복이라는 그 말이 마음에 와 닿았다고 한다. 우리 서로 통하는 것이 있다고 서로 말하면서 웃었다.

차 안에서 '데레사 열심히 잘 살고 있어, 조금만 더 마음의 그릇들을 비우고, 착하게 살아가라고 내가 너를 명동 성당으로 인도했다. 내가 너를 얼마나 사랑하는지, 그 힘든 것들 같이 손잡고 걸어가는 것 알지, 좀 더 착하게 생활하고, 힘과 용기를 내렴.' 하는 주님의 목소리가 들리는 것 같다.

그래 올바른 생각으로 곧게 한 발짝 한 반짝 걸어서가면서 행복의 길로 가야 하겠다. 그래 맞아! 명동성당을 나서 걸어 내려오면서 계속 되뇌는 말이다.

(2013. 6. 18.)『기독교 수필』 제23집 2013

* 전대사 : 신앙의 해를 맞아, 11월 11일까지 지정 본당에 가 사도신경과 교황님의 지향을 위해 주모경과 묵상 10분과 고백성사를 하고 미사를 보면 전대사를 받을 수 있다. - 단 미사를 볼 때, 자기 자신이나, 돌아간 영혼을 위해 미사 지향으로 한다.
전대사를 받으면 지금까지 지은 죄가 다 사해진다고 한다.

5

아름다운 동행

외 출

서울 거리에 횡단로가 많아지고 지하도와 육교를 오르내리던 불편이 없어져 매우 편리해졌다. 매일 아침 돈을 벌러 가거나, 규칙적으로 무엇을 배우러 가거나, 나도 가야 할 곳들이 많다. 나 역시 한 평범한 사람으로 열심히 살아가고 있다. 길을 가다가 힘들면 힘든 대로, 느리면 느린 대로, 걸음이 안 걸리면 안 걸리는 대로, 넘어지면 넘어지는 대로 또 일어나 어느 목적지를 향해 걷는다. 늘 그랬던 것처럼 40년을 넘게 살아오고 있다. 매일 아침 출근하는 나에게 가끔씩 물어오는 사람이 있다.

"아가씨 집이 어디야" "언제부터 그렇게 장애인이 됐어?" "매일 어디로 그렇게 출근해?" "아가씨 나이는 몇 살이야?" "아이고 불쌍해" "시집은 갔어?" "누구하고 같이 살아?" "아가씨 직장 다녀?" "직장이 어디야" "얼마 벌어"

질문공세가 쏟아진다.

"백만 원 벌어요" 하면,

"그럼 집에 가만히 있는 것 보다 낫네!" 하면서 쏜살 같이 지나가 버린다.

그 여자도 아마 돈을 벌러 직장에 가는가보다. 그것만 물어보고 가서 다행이다. 아마 그렇지 않으면 계속 붙잡고 있겠지! 궁금해서 물어보는 것이지만, 그냥 모르는 척하고 갔으면 좋겠다.

특히 노인들이 물어보면 참 한가하고 기운도 많다는 생각에 그들이 부럽다는 생각이 든다. 나는 때로는 말할 기운도 없는데, 어떤 분은 내 앞에서 불쌍하다고 "쯧쯧" 하면서 지나가신다. 나 자신은 불쌍하다고 느끼지 않는데 웬 청승들인지….

아침 출근시간에 지하철 계단에 올라가는데, 어떤 할아버지 "병신이 아침부터 이 바쁜 시간에 가루 걸리게 돌아다녀, 집에 쳐 박혀 가만히 있지!" 한다. 물론 내가 다니는 것이 가루 걸리고 불편하겠지만, 말을 너무 심하게 한다는 생각이 든다.

지하철 엘리베이터에 타고 있으면 "할아버지께서 젊은 것이 타고 있다고 한 마디 하신다." 그럴 때 가만히 있다가 내가 앞에 내리는 것을 보시면서, 고개를 끄덕이며 얼른 지나가신다. 나보다 더 빨리 걸어가시는 모습에 난 노인들보다 못 한 사람이라는 생각이 들어 서글플 때도 있다. 엘리베이터를 타러 가면 빨리 타라고 한 마디 하시는 노인 분도 계신다. 좀 불편하겠지만 남을 배려해 줄 수 없을까? 천천히 타게 기다려주는 넉넉한 마음을 써주면 세상이 조금 더 따뜻할 것 같다.

수요일 문학 강좌가 있어서, 지하철 5호선에서 청구역에 내려, 6호선 갈아타려고 가는데, 어떤 할머니 "아가씨 왜 신당에 가는 것 안타고?" 하신다.

"저 6호선 타요"

"올림픽 공원 가"

"아니요, 저 약수역에 가요?"

이정표를 보더니, "여기로 가는 것 맞네" 하고, 쏜살 같이 가버린다. 몸이 불편해 보이니까, 정신도 온전치 못한 사람으로 생각하고, 걱정이 되어서 해 준 말인데, 고맙다는 생각보다, 내 맘에 상처로 다가온다.

어느 날 출근 시간에 노약자석에 앉아서, 묵주를 돌리면서 눈을 감고 있었다. 나보고 어떤 할머니, "장애인이 장애인석에 앉아서 눈까지 감고 딱하게 앉아 있어" 눈을 떠 보니, 엘리베이터를 같이 타고 온 할머니다. 내 몸이 불편한 것을 뻔히 알면서 하는 말이니 빈정거림이 분명했다. 나도 모르게 말이 튀어 나왔다. "할머니께서 저에게 뭐 보태 준 것 있어요?" "어머 들었네." 하면서 "미안해! 아가씨가 예쁘게 생겨서 그런 말을 했어" 그러면서 어쩔 줄 몰라 하며 겨우 세 정거장 가서 내리셨다. 아마 그렇게 하신 것이 사람들 앞에서 망신스러워 내리셨는지 모르겠다. 그냥 못들은 척 하고, 나도 가만히 있을 걸 하는 생각을 하였다.

노약자석에 앉아 있으면, 젊은 것이 앉아 있다고 일어나라는 노인, 그것도 모자라 어떤 할아버지는 빨리 일어나라고 지팡이로 꾹꾹

찍으신다. 그뿐이 아니다. 노인들이 자꾸 일어나라고 눈총을 주고 있다. 난 못 본척하고 묵주를 돌리거나, 책을 보지만, 내 마음은 죄인이 아닌 죄인이 된다. 나도 어쩔 수 없이 앉아 있지만, 때로는 노약자석을 피해서 앉거나, 아니면 서 가지만, 때로는 너무 힘들어 어쩔 수 없이 앉는다. 젊은이면서도 젊은이에게도 노인에게도 끼지 못하니 참 서글프다. 나도 나이가 먹어 노인이 되면 얼마나 기력이 없고 힘들까? 그 노인들을 보면서 상상해 본다. 나도 그때 젊은 사람이 앉아 있다고 일어나라고 말하지 말아야지! 다짐해 본다. 아마 내 체력으로는 그렇게 걸어 다니지도 못할지 모르는 일이지만….

내가 비틀비틀 걸어가면, 대낮부터 술 먹고 돌아다닌다는 사람, 어떤 꼬마가 병신이라고 놀리는데, 그 부모는 그것을 보고도 아이에게 아무렇지 않다는 듯이 아이를 데리고 지나가는 사람, 세상 사람들이 다 나 같은가? 자꾸 매일 같이 이런 일들이 일어나면, 정말 스트레스 받아 밖에 나가고 싶지 않다. 정말 배운 것이 없고, 직업이 없고, 가진 것이 없이 그런 대접을 받는다면, 죽을 맛이지만, 나에게 능력이 있다는 것에 감사한다.

오늘 아침도 비틀거리는 걸음으로 당당하게 보란 듯이 집을 나선다. 때로는 또 넘어져서 멍들고 까지겠지만 그것이 나의 훈장들이다. 그나마 큰 사고 없이 다닐 수 있다는 것이 행복이라 여겨진다. 오고 가는 길이 힘들지만 살아가노라면 지난 고생만큼 꿈도 커 가겠지! 언제나 우리나라도 장애인들이 불편함 없이, 마음 편히 외출할 수 있는 날이 오려나. (2009. 10. 16)

아름다운 동행

얼마 전 함께 글공부하는 분이 「아름다운 동행」이라는 글을 써 주셨다.

"요즈음 나는 어느 모임에서 성윤이라는 지체장애인을 만난다. 성윤이를 교실에서 처음 만났을 때, 무척 당황했지만 자주 만나 겪어보니 그녀는 말이 어둔하고 걸음이 부자연스러우나 정신은 장애에 머물지 않고 있었다. 적극적이고 긍정적으로 밝고 열심히 살아가고 있었다. 컴퓨터 자격증을 다섯 개나 취득한 전문가여서 주변 사람들에게 그녀만의 언어로 열심히 컴퓨터지식을 설명하는가 하면 글도 곧잘 쓴다. 직장에서 자신의 일을 열심히 한다니, 얼마나 대견하지 모른다. 어느 날 커피를 한잔 타서 내게 건네면서 뭐라고 말하는데 한참 뒤에야 선생님 테이블에 가져다 놓으라는 말이라는 것을 알 수 있었다. 몸이 성한 사람들이 회비를 관리하고 다과를 준비하면 좋겠는데 불편한 성윤이가 그런 것까지 마다않고 맡아 봉사하는 것이 대견하면서도, 한편 마음이 아프기도 했다. 성윤이는 비장애인에게 부담을 주지 않고 더불어 살 수 있도록 남다른 노력을 하고 있을 뿐 아니라 비장애인 보다 더 건강한 정신으로 솔선하는 모습을 보여준다. 놀랍기도 하고 안일한 나의 삶을 돌아보게 된다. 존경하는 고희를 넘은 선생님께서 불편한 성윤이와 함께 하시는 것이 신기했는데 이제는 이것이 자연스러우며 귀하고 아름다운 동행이라는 걸 알 수 있을 것 같다."

이 글을 읽고 감사와 안도의 마음이 들었다. 잘못 살지는 않았다는 생각에 기쁘기도 했다. 무엇인가를 성취하면서 살아가기 위해 비장애인들보다 더 많이 노력해야하는 것은 당연하다. 이런 칭찬을 받다니 과분한 일이다. 처음 내 모습을 대하는 사람들은 모두 당황한다. 다른 겉모습 안에 똑같은 마음과 생각이 있다는 걸 잊은 듯하다. 처음부터 보통 사람을 대하듯 해준다면 좋겠다. 무조건 도와주어야 한다는 부담을 가질 필요도 없다. 도움을 주고 싶다면 "도와줄까요?" 하고 물어봐 주면 고맙겠다. 모든 것을 혼자 하려고 하지만 어쩔 수 없이 폐를 끼칠 때도 있다. 가령, 불편한 몸으로 커피를 타서 들고 갈 때 엎지를까봐 누군가의 손이 절실히 필요하다. 그때 "커피 좀 제 책상에 갖다 주세요."하는 내 청을 친절하게 들어주는 사람이 있어 행복해진다. 마음 같아선 도움을 주는 사람이 되고 싶지만 그 반대의 입장이라는 걸 받아들일 수밖에 없다.

일을 갖기 위하여 불편한 몸으로 어렵게 컴퓨터를 익히고 자격을 취득했다. 직장생활을 오래 할 수 있기를 원했지만 뜻대로 되지 않았다. 집에서, 시간제로나마 일을 하고 있어 다행이라고 생각한다. 컴퓨터를 배운 건 정말 잘한 일이다. 세상과 소통하고 여러 가지 일을 앉아서 할 수 있으니까. 은행업무와 쇼핑은 물론, 인터넷 검색을 통하여 원하는 지식과 정보를 얻을 수 있다. 알아보기 힘든 나의 손 글씨를 대신해주는 컴퓨터가 있어 마음대로 글을 쓰고 시간을 절약할 수 있어서 좋다. "컴퓨터가 없다면 어떻게 살까!" 상상할 수도 없는 일이다.

요즘 감사한 일이 많아 행복하다. 성당과 교육원에서 만난 분들이 느린 내 걸음에 보조를 맞추고 가방을 들어주는가 하면 차를 탈 때도 양보해 주신다. 이런 마음씀씀이가 무척 고맙다. 내가 없다면 불편하고 신경 쓸 일이 없을 텐데 미안하기도 하다.

신세를 지면서도 사람들을 만나 어울리고 싶다. 미안해서 삶을 포기하는 대신 세상으로 나와 많은 것을 배우고 나누면서 희망을 찾고 싶다. 나와 같은 처지에 있는 친구들에게 그 희망을 나눠주고 싶다. 비록 겉모습이 다르고 오래 걸리긴 하지만 성취할 수 있고 발전할 수 있다는 것을 확인하기 위하여 쉬지 않을 것이다. 뭔가 선물을 하고 싶은 마음이 들 때면 고마운 분들을 위하여 기도를 한다.

많은 사람 가운데 서로 만난 인연을 아름답고 소중하게 이어나갈 수 있게 해달라고 빈다.

어느 날 대학(한문)을 공부하기 위해 갔는데 자리가 없어서 당황했다. 먼저 온 분이 내 자리를 맡아 놓고 있는 걸 보고 얼마나 고마웠는지 모른다. 뭔가 다른 분들을 위해 할 일이 없을까 생각하다 커피 끓일 준비를 하곤 했는데 그 일을 늘 고맙게 여겼다는 말씀을 했다. 더불어 살아가는 즐거움을 몸으로 느낄 수 있었던 순간이었다.

고마움을 말로 다 할 수 없는 선생님을 만난 덕에 20년 넘게 창작 수업을 받고 있다. 그 분이 계시지 않았다면 여기까지 올 수 있었을까! 이런 생각을 하면 나는 정말 복 많은 사람이란 생각이 든다. 이 모든 일은 신께서 나를 사랑하셔서 일어난 것이리라. 고통을 극복하고 조금씩이라도 앞으로 나아갈 수 있도록 용기와 지혜를 주시는 그 분이 계셔서 새롭게 힘을 얻는다. 우리들의 만남이 아름다운 동행이 될 수 있도록 두 손을 모은다.

(2014. 3. 30.)

상(賞)자랑

이야기 조각보 모임에서 어릴 적 이야기를 하다가, U가 상탄 이야기를 하였다. 누구는 무슨 무슨 상을 받았다고 서로들 신나게 자랑하기 바빴다. 강사님은 어릴 적 초등학교 3학년 때, 그림 상을 받은 것이 전부라고 말씀하셨다. M은 시를 써서 시장 상을 받았다고 하였다. 내가 문교부장관상을 받았다고 하였더니 주위가 조용해졌다. 결국 상자랑에서 내가 이긴 셈이다. 서로가 자랑을 하다가보니, 웃음들이 나왔다. 이야기 조각보 모임 여자들은 아무튼 기가 세다. 너무 내 자랑이 돼 버려서 한편으로는 다른 사람들을 기죽게 해 미안해서 가만히 있을 걸하고 후회도 하였다.

곰곰이 생각해보니 상을 많이 받았던 기억들이 되살아난다. 학교 다닐 때나 다른 단체생활을 할 때, 특히 노력상 모범상은 내가 독차지 하였다. 아무도 나를 따라오지 못했다. 그래서 다른 이들에게 기회가 주어지지 못했을지도 모른다. 결국 다른 사람들에게 민폐가 된 것 같아. 지금 생각하니 참으로 미안한 마음이 든다. 하지만 내가 상 받는 것을 보고 자극을 받아 도전할 수 있었던 사람이 있을 테니 잘한 일이라는 생각도 든다. 아무튼 열심히 살았던 내 자신에게 칭찬해도 괜찮을 것 같다.

상은 많이 받았지만, 지금 생각해 보면 그때는 즐겁기보다 아프고 힘들었을 뿐. 그렇게 좋은 기억으로 남지 않는다. 비장애인들과 함께 생활하기 위해 그만큼 많이 울어야했으니까. 상장들이 내가 열심히 살아온 근거들이다. 앞으로 나에게 상이라는 것은 더 이상 없을지도 모른다. 하지만 열심히 살다보면 어떤 큰 상이 주어질지 누가알랴.

50이 다 되어가는 이 마당에, 그런 기회가 다시 오지 않아도 좋다. 다른 사람에게 기회를 주는 것도 좋은 일이니까.

(2015. 10. 31)

동료를 위하는 마음

출근하자마자 폐기할 공문들을 분쇄기에다 넣고 있었다. 조금 후, 일 시킨 사람이 오더니 좀 쉬었다가 하라고 하였다. 그 이유를 물으니, 이 더운 날, 오자마자 일을 시킨다고 팀장에게 한소리 들었다고 한다. 세상에 꽤 많은 직장을 다녀봤지만 그렇게 배려하는 사람을 처음 보았다. 직장 상사나 동료 대부분 경쟁심이 있어 서로 미워하고 질투하고 아니면, 아래 사람들에게 하나라도 일을 더 시키기 위해 혹사하고 착취하는 사람이 얼마나 많은 세상인가? 나이 어린 팀장의 마음 씀씀이가 정말 아름다웠다.

함께 일하는 사람들 끼리 서로 배려하고 이해하면 일하는 것이 즐겁고 능률도 더 많이 오를 것이다. 그만큼 세상이 더 밝아질 것이다. 쉬라는 말에 시원한 냉커피를 한잔 마시고 일을 다시 시작하였다. 팀장의 배려가 고마워 일하는 것이 즐겁고, 더 열심히 해야지 하는 생각을 했다. 나도 누군가에 일을 시킬 때 팀장 같이 배려있는 행동을 해야겠다고 생각했다.

어느 날 사무실 책상에 앉아 컴퓨터 작업을 하고 있는데, 외근하고 들어오는 직원을 보자마자, 일을 시키는 것을 보고, 좀 쉬었다가 시키라고 하는 말이 내 귀에 들렸다. 역시 팀장이 멋있어! 아마 복 받을 거야.

요즘 고맙고 아름다운 사람을 많이 본다. 난 부족한 것이 많은데, 신께서 너도 그렇게 너그럽게 남을 배려하는 마음을 가지라고 깨우침을 주시는 것 같다. 신께 또 한 번 감사하다는 생각을 했다.

(2015. 9. 27)

그런 친구가 있었으면

엘리베이터에서 더디게 움직인다고 화를 내는 사람들 때문에 속상해하지 말자고 다짐하지만 쉽지 않다. 미안하다며 웃고 싶지만 얼굴부터 굳어진다. 남을 배려하고 기다려주기엔 너무 바쁜 세상이라 이해하려 하면서도 굳어진 얼굴이 펴지지는 않는다. 마음의 여유를 가지고 살아갈 수 있는 방법은 없을까. 화내지 않고 마음 상하지도 않고 살 수 있었으면 좋겠다. 밀려서 넘어질 뻔하고 놀란 가슴을 쓸어내린 적이 한두 번이 아니다. 사람들이 많은 곳은 되도록 피하려 하지만 늘 그럴 수는 없다. 앞 사람들이 잔뜩 서서 기다리고 있는 걸 보면서도 빨리 가라고 떠다밀며 볼멘소리를 낸다. 어쩌란 말인가. 타고 내릴 때마다 누군가에게 야단맞을까봐 가슴이 두근거리고 진땀이 난다. 나 같은 사람이 또 있을지 몰라 먼저 타게 되면 버튼을 누르고 기다려준다. "천천히 오세요." 하면서. 조금 늦게 간다고 큰일 날 리 없건만 왜 그리 서두르는 건지. 이렇게 기다려주니 고맙기 그지없다.

노약자석에는 앉을 생각도 하지 않는다. 젊은 것이 뭐하는 짓이냐고 일어나라고 하면 기분 나빠질까봐서이다. 서서 가는 것이 힘들지만 마음은 편하다. 스스럼없이 장애인석에 앉을 수 있는 권리를 누릴 만큼 인정이 있는 세상이 아니란 걸 일찍 알아버렸다. 무거운 짐을 지고 지지대에 매달려 흔들리면서도 서있기를 고집하는 것이 습관이 되었다. 언제쯤 되면 눈치 보지 않고 빈자리로 갈 수 있는 배짱이 생길까. 나이를 얼마나 더 먹으면?

장님, 귀머거리, 벙어리로 3년씩이면 시집살이를 견뎌낼 수 있다고 했던가. 조선시대도 아니요 인정머리 없는 집안에 시집 간 것도 아니건만 안으로 삭이는 게 제일이라고 자신을 달랜다. 참고 또 참다보면 좋은 날도 오겠지. 망각이란 좋은 친구가 있어 다행이다. 억울해서 숨이 넘어갈 것 같다가도 그 순간이 지나고 나면 견딜만해진다. 조금 더 지나면 언제 그런 일이 있었던가 하고 잊어버리기도 한다. 마음이 아플 때면 눈을 감는다. 침을 꼴깍 삼키고 심호흡을 한다. 이 또한 지나가리라! 주문을 왼다.

친구와 함께 외출하는 꿈을 꾼다. 건장하여 마음 놓고 기댈 수 있고 상냥하여 무슨 말이든 할 수 있는 사람이 있었으면 좋겠다. 은행잎이 황홀한 빛으로 물들고 카펫처럼 깔린 거리를 그와 함께 걷고 싶다. 그와 내가 좋아하는 음악을 들을 수 있는 이어폰을 한 개씩 나눠 낀 채. 황혼녘 하늘이 나무를 부드러운 모양으로 바꿔 놓다가 어둠이 내려앉고, 가로등이 켜질 때까지. 다리가 아프면 따뜻한 곳에서 쉬고 싶다. 맛있는 저녁을 먹으며 와인이라도 한 잔 할 수 있다면 좋겠다. 집으로 돌아가는 길에는 버스나 지하철에서 낭패를 당하는 일이 없었으면.

시간이 멈춘 것처럼 문은 열린 채 사람들을 기다려주고 아무도 찌푸리거나 큰 소리 내지 않으면 좋겠다. 흔들리는 차 안으로 마법의 시간이 흘러가고 평화로운 밤이 찾아온다.

상처받은 마음을 어루만져줄 수 있는 누군가가 옆에 있다는 상상만으로 즐거워진다. 답답한 일상을 견디는 힘이 생긴다. 어려움이 닥치면 움츠러들기 전에 가슴을 펼 수 있도록 해준다. 꿈꿀 수 있는 마음을 주는 그에게 감사하고 싶다.

11월이다. 나무는 잎을 모두 떨구고 맨몸으로 겨울 맞을 채비하고 있다. 눈보라를 견디면서 꿈을 꾸겠지. 따뜻한 대기 속에서 화사한 꽃으로, 앙증맞은 새순으로 기지개 켜는 날을 기다린다.

(2014. 11. 1.)

여울 16번째 이야기 『사랑은 지금 하는 것』

야 학

어디 갔다가 저녁에 돌아오는데, 초등학교 3학년 쯤 되어 보이는 꼬마들 서너 명이 조그마한 보조가방들을 들고 어디로 가고 있다. 아마 학원에 가는 중인 것 같다.

성당에서 알게 된 언니가 야학에 다니고 싶다고 했다. 기술을 배우고서 살아가는 일에 바빠 시기를 놓쳤는데 뒤늦게 공부를 하고 싶어졌다면서. 여기 저기 수소문을 해보았지만 요즘은 그런 곳을 찾기가 쉽지 않다고 한다. 내가 알고 있던 야학이 이사를 했다. 안타까운 언니의 마음을 잘 알기에 어떡하든 찾아내 알려주고 싶었다. 뜻이 있으면 길이 있다는 말이 틀리지 않아 우여곡절 끝에 그곳을 찾았다. 야학 연락처를 받아든 언니는 고맙다고 했다.

나는 손이 불편해서 학교 공부를 따라가지 못하였다. 성당에 다니고 있었는데 마침 그곳에 야학이 생겨서 낮에는 일하면서 밤에 공부했다.

20대 초반의 일이다. 소란했던 낮이 물러나는 시간, 고요한 방 안의 형광등 불빛 아래서 나는 꿈을 꾸고 있는 것 같았다. 신나는 꿈속에는 선생님 말씀을 한마디도 놓치지 않으려고 눈을 크게 뜨고 세상물정 모르는 철부지는 조용히 앉아 세상을 넓혀 가고 있다. 선생님은 아는 것이 어쩜 저렇게 많을까. 선생님의 말소리는 얼마나 듣기 좋은가! 놀라웠다. 눈앞이 환해지는 기분이었다. 세상은 넓고 배워야 할 것들이 많고 많다는 걸 그때 알았다. 내가 좋아하는 것, 하고 싶은 것이 무엇인지도. 그걸 위해 힘들어도 배움을 멈추지 않으리라 결심했다.

선생님의 가르침으로 책과 친해졌고 그걸 통해 지혜로운 사람, 해박한 사람들과 만났다. 무엇이 옳은 것인가 고민하게 되었다. 배우는 즐거움이 얼마나 컸던지 일을 할 때도 학교 생각만 났다. 잠자리에 누워도 선생님의 목소리가 들리는 것 같았다. 잠이 들었다가 벌떡 일어나 책을 펼쳐본 게 몇 번이었던가. 늦게나마 배움의 기회를 얻을 수 있었던 건 행운이었다. 더 이상 아픈 손과 발을 바라보며 절망하지 않았고 겨울의 끝에서 희망의 봄을 맞을 수 있었다.

90년 중반만 해도 야학이 많았다. 지금은 찾아보기 힘든 야학이다. 요즘은 예전처럼 가난한 사람들도 거의 없다. 부모님의 교육률이 높아서 못 배우는 사람도 없다. 요즘 아이들은 먹는 것에도 그렇게 서로 먹으려고도 하지 않는 시대가 되었다. 지금 아이들은 부족함 없이 살아가는 것 같다.

하지만 세상이 좋아졌다고 해도 여전히 힘들게 사는 사람들이 많다. 특히 장애로 인해 학교에 가지 못해서 배움에 목마른 사람의 이야기는 가슴 아프다. 그런 이들이 꿈을 키우고 살아갈 힘을 얻으려면 가까운 곳에 야학과 같은 터전이 점점 사라지는 것이 아쉽다. 가르치려는 열정으로 시간과 재능을 조건 없이 내어 놓는 선생님들이 있는 곳, 숨기고 싶던 무지함에서 벗어나기 위해 나이나 처지를 잊고 배움의 열기 속에 빠져 드는 사람들이 있는 그런 곳이 옛날이야기가 되어버렸다.

그리운 야학의 선생님, 친구들. 세월이 흐를수록 더 보고 싶다. 무슨 인연이었기에 그리 깊게 서로에게 끌렸던 걸까. 지금은 어떤 모습일까. 다시 만날 수 있다면 말하고 싶다. 그 시절이 내 생의 가장 아름다운 시절이었노라고, 그보다 더 좋을 수는 없었노라고.

(2015. 3. 21.)

심부름

오후 4시쯤 되면 직원들이 출출해 한다. 한 직원이 다른 직원에게 신용카드를 주면서 직원들 숫자에 맞추어서 아이스크림을 사오라고 했다. 한참이 되어도 심부름 간 직원이 오지 않는다. 꽤 시간이 지난 후에 아이스크림을 사가지고 왔다. 옆에 가게는 너무 비싸서 다른 가게들을 찾아보다가 조금 적은 값을 지불하고 왔다. 남의 돈이지만 조금이라도 아끼는 마음이 기특하다. 그 친구 마음 씀씀이가 고마웠다. 멀리까지 갔다 오는 바람에 아이스크림이 좀 녹아있었지만, 그 아이스크림이 다른 날 보다 유난히 맛이었다.

갑자기 예전에 다른 직장에 있었던 일이 생각이 난다. 그때 한참 폭염이 기승을 부리던 날이다. 자주 사무실에 놀러오는 친구가 있었다. 그 친구보고, 아이스크림을 직원들 숫자에 맞추어서 사오라고 심부름시켰다. 아래층에 편의점에서 비싼 값을 주고 사왔다.

몇 발짝만 더 가면 마트에서 적은 돈을 가지고 사올 수도 있었다. 그런 친구를 보면서 동료들 끼리 흉을 보았다. '앞날이 보인다. 보여, 몸도 불편하고 직업도 없는 친구가 세상물정 모르는 모습이, 앞으로 어떻게 살아갈지 걱정이다. 걱정!' 하면서 수군거렸다. 경제적으로 여유가 있는 사람들은 돈을 써야한다. 그래야 경제가 돌아간다. 아무것도 없는 사람이 그래도 알뜰하게 살려고 노력할 때 보람과 희망을 얻을 수 있을 것이다. 그래서 더 열심히 살아가는 이유가 되기도 한다.

두 친구들을 보면서 나에게 많은 가르침을 준다. '아마 내가 심부름을 했다면 나도 가까운데 가서 사오지 않을까?' 생각도 해 본다. 젊어서 고생은 사서도 한다는 말이 있다. 어느 정도 고생과 어려움을 겪어야한다는 것이 나의 주장이기도 하다. 경험들을 통해서 성숙해지는 것 같다. 물론 내 자신도 돈을 많이 벌지 못해, 몸의 건강을 유지하고 돈을 안 쓰는 것이 돈 버는 것이라고 생각한다. 그렇다고 돈밖에 모르는 사람, 돈을 너무 쓰지 않아서 미운 사람도 있다. 쓸 때 쓰고, 안 쓸 때 안 쓰는 지혜도 필요하다. 이제는 나도 가끔씩 남을 위해 돈을 쓰면서 살아야겠다. 받는 일에만 익숙해지면 추해지니까.

부모님께서 어릴 때부터 성실함과 알뜰하게 사는 것들을 보여주신 거울이 지금 내 자신을 지탱하고 있다. 그런 힘을 길러주셔서 감사하다. 아마도 나는 부자가 아니기 때문에 넉넉하게는 살 수 없지만, 나를 안다는 것은 삶에 있어서 큰 힘이 된다. (2015. 10. 9.)

무심코 던지는 말

아무 양말이나 신으면 좋겠는데, 자유롭지 못한 나의 발은 고급 양말이 아니면 신지 않겠다고 투정을 부린다. 수필공부를 하고 집으로 돌아오다가 마침, 내가 원하던 양말이 눈에 들어왔다. 화장품 가게 앞에 내다놓고 팔고 있었다. 가게가 곧 문 닫을 예정이라 싸게. 한 켤레를 천 원에 가져가라고 했다. 그런 양말은 한 켤레에 몇 천원을 주어야 한다. 횡재라도 한 듯 얼른 지갑을 꺼내어 삼천 원을 주고 사려는데, 중년의 여자가 나를 위아래로 훑어보더니, "돈 많아." 쥐어박듯이 외치고는 쏜살같이 지나간다. 기가 막혔다. 따라가 한 바탕 퍼부어 주고 싶었다. 내 걸음으로 따라가지도 못하고 속만 상했다. 하기야 따라가 따진다고 좋을 것도 없다. 돈 많다는 말이 나에게 또 상처로 다가온다. 그러나 따라가지 못하는 것이 다행인지도 모른다. 그와 싸워, 또 죄를 짓는 것 보다 낫다는 생각을 한다. 가게 앞에, 왼쪽에는 천 원짜리, 오른쪽에는 오백 원짜리 양말이 있었다. 한 마디로 장애인이 무슨 돈이 있다고 이렇게 돈을 쓰냐는 비웃음이다.

이 여자가 정말! 내가 얼마나 알뜰하고 성실하게 살아가고 있는데…. 아무리 그렇다고 해도 속으로나 생각할 일이지. 꼭 그렇게 상처를 주어야 마음이 편할까? 장애인이 다 가난하고 능력이 없는 사람으로 생각하는 이 사람. 아주 크게 착각하고 있다. 나는 보통 양말은 신을 수 없다. 스포츠양말이나 등산양말이 아니면, 그냥 거저 주어도 못 신는다. 조여 주는 목 부분이 좁으면 흘러내리고, 푹신한 바닥이 받쳐주어야 힘들어도 오래 걸을 수 있다. "나도 아무 양말이나 신고 싶단 말이야!" 외쳐주고 싶다.

꽤 오래전 막내 동생 내외가 아주 예쁜 백금목걸이를 선물로 사 주었다. 그것을 보고 어떤 아저씨가 돈도 없으면서 비싼 목걸이를 하고 다닌다고 한 마디 했다. 모임이 있어 택시를 탔는데, 내릴 때 기사 아저씨가 버스타고 다니라고, 돈도 없을 텐데, 택시타고 다니지 말라고 하면서 돈을 받지 않았던 적도 있다. 당황했다. 지나친 간섭과 친절이, 나의 가슴에 가시들이 꽂혔다. 서징해주는 말이 왜 아픔으로 다가오는 걸까? 어떻게 생각하면 고마운 일인데 말이다. 자존심이 무엇인데 이렇게 가슴이 쓰리고 아플까? 아직 그들을 넓은 마음으로 이해하기 부족한 걸까? 나에게 택시비 정도 낼 능력은 있으니 그나마 감사해야 할 일이긴 하지만 씁쓸했다.

모르는 사람들은 함부로 대하지만, 나를 아는 사람들은 성실하다고, 노력파라고, 알뜰하다고 칭찬한다. 기분이 안 좋은 날, 그분들을 생각하며 아픈 상처를 가라앉힌다. 일부러 양말 사러 나가게 되지 않아. 다 해지도록 미루고만 있던 차다. 마침 마음에 드는 걸 발견해서 잘 되었다고 기뻐했는데, 찬 물을 뒤집어 쓴 것 같다. 등산양말 세 켤레를 산 대가가 좀 비싸다. 내게 가슴 아픈 말을 퍼부은 그 사람, 건강한 육체에 마음까지 더 아름다우면 좋을 텐데 말이다. 오늘은 그래도 운이 좋아 마음에 드는 양말을 찾았으니 그걸로 위안을 삼는다.

(2014. 3. 17.)

여울 16번째 이야기 『사랑은 지금 하는 것』

6

엄마와 산책

열 살배기 말

아버지는 "돈은 나무와 같아서 처음에는 모으기가 힘들지만, 어느 정도 모으면 큰 나무가 되어, 그 나무를 잘라 써도 티가 나지 않는다."고 나에게 가끔씩 말씀해 주셨다. 그 말씀이 맞는 것 같다.

매주 주말이면 남동생네 식구들이 와, 온 가족이 점심식사를 하면서 알고 있는 사람들의 이런저런 이야기를 하고 있는데, 우리가 하는 이야기를 듣고, 조카 녀석이 "돈은 미리미리 저축해 두어야 해!" 하고 말하는 것이 아닌가? 그 말에 온 식구들은 감탄했다. 녀석이 벌써 그런 생각을 하고 있었다. 난 "그래, 준서야 네 말이 맞아" 하고 대답해 주었다. 어린것도 그런 생각을 하고 있는데, 열 살배기보다 못한 철없는 어른이 얼마나 많은가? 나이만 먹었다고, 다 어른이 아닌 것 같다. 70먹은 노인이 세 살배기에게서 배운다. 사람들 중에 일하기 싫어하거나, 돈 있는 대로 다 써버리고 세월이 흘러 늙은 후에 주위 사람들에게 대접도 못 받고, 짐이 되어 살아가는 사람들도 있다. 내 주위에 그런 이들만 눈에 보이는지, 참으로 안타까운 사람들이다. "가난은 나라 임금도 구할 수 없다."고 했다.

내가 초등학교 1학년에 들어갔을 때 학교 안에 새마을금고가 있었다. 매주 요일을 정하여 어머니께서 천 원씩 주셨다. 그것으로 나에게 저축하는 습관을 가르쳐주셨다. 그때부터 나는 절약하는 것을 배워 일찍 철이 들었다. 그렇게 세월이 흘러서 어른이 되었을 때, 큰 목돈이 되었다. 정말 티끌모아 태산이라는 말이 맞다. 그 차곡차곡 저축한 것을 아예 찾아 쓸 생각도 하지 않았다. 그것이 나의 삶에 밑거름이 되었고, 든든함과 위안이 되었다. 어머니와 아버지는 우리 삼남매에게 그렇게 각각 목돈을 만들어 주셨다. 두 남동생도 장가갈 때 큰 힘이 되었다. 어머니와 아버지는 허튼 돈 함부로 쓰지도 않으셨고, 아버지는 가장으로서 직장에서 며칠씩 밤을 새우면서 일하셨고, 직장과 가정밖에 모르는 시계 같이 일상생활을 정확하게 시간에 맞추어 살아오셨다. 어머니는 전기값 물값 아깝다고 남들 같이 세탁기 쓰지 않으시고, 손빨래하였다. 그렇게 살아오신 분을 보면 때로는 내 마음이 쓰리다. 그 덕에 나는 아직도 세탁기 쓸줄 모르고, 손빨래하고 있다. 두 분이 알뜰함과 성실히 살아가도록 모범을 보여주셨다. 그 핏줄을 이제는 조카 녀석들도 물려받아, 제 아버지 어머니를 보고 배우고 있다. 동생에게 두 아들이 있는데, 태어나면서부터 할아버지 할머니 친척친지들이 준 돈을 차곡차곡 모아 통장에 각각 몇 백 만원씩 저축이 되어있다고 한다. 조카들이 그렇게 저축하고 있다니, 나도 덩달아 기분이 좋아진다.

어른이라는 것은 참으로 힘든 것이다. 어른이 올바르게 살아 갈 때, 어린 사람들도 그것들을 보고 배운다. 요즘 물질만능주의와 배고픔을 모르고 자라고, 돈 귀한 것을 모르는 사람들이 있으니, 현실이 마음 아프게 한다. 물론 돈을 너무 안 쓰고, 저축하는 것도 좋지만, 쓸 때 써야한다고 생각한다. 돈을 많이 벌고 적게 벌은 것을 떠나서, 작게 벌어도 어떻게 잘 사용하는가? 그것이 중요하다. 가끔씩 '나도 세월이 흘러 이런 날이 왔구나?'하는 기분에 스스로 행복함에 빠졌다. 조카들도 나중에 커 부모님의 고마움을 알게 되겠지! 그들도 내가 처음으로 느낀 것처럼, 그대로 느끼겠지? 우리 동네 아주머니는 자기 손자는 돈 있는 대로 다 쓴다고 한다. 타 일러도 제대로 고쳐지지 않는다고 걱정하신다.

아마 우리같이 살아가는 사람들만 있으면 못사는 사람 없을 것이다. 옛날에 첫째 남동생이 한 말이 생각난다. "우리식구들 무인도에 갔다나두어도 살아남을 사람들"이라고 한 말에 우리식구들 모두가 자랑스러운 듯 웃었다. 알뜰함과 성실함은 아무도 당할 수 없는 가장 큰 무기라고 생각한다. 우리 삼남매는 각자 큰 나무가 되어 어느 정도 잘라 써도 티가 나지 않게 되었다. 기특하고, 대견한 조카들도 나무를 예쁘게 키워서, 이 다음에 큰 나무가 되어 살아가는데 힘이 되었으면 좋겠다. (2012. 1. 30.)

한 약

올해도 아버지는 한약을 또 먹자고 하셨다.

"아버지 저 건강해요! 안 먹어도 돼요?"

"뭐가 건강해, 늘 골골거리면서 말이다."

내가 할 수 있는 일들을 찾아다니고, 밤을 벗삼아 공부한다고, 작장 다닌다고, 삶에 주어진 생활 속에 꾀부릴 줄도 모르고 성실히, 비장애인들보다 더 바쁘게 살아왔다. 그 결과가 지금의 내가 존재하는지도 모르겠다. 그러다가 보니 어느 날부터 말도 하기 싫고, 걸어 다니기도 싫고, 기운도 없고, 손가락 까닥하기 귀찮을 정도였다. 밖에 나가면 동네 사람들이 다들 어디 아프냐고 다들 한마디씩 할 정도였다.

아버지의 친구는 한의사이다. 그분에게 침도 맞고, 매년 한약을 먹으니, 몸이 꽤 좋아졌다. 이젠 한약을 안 먹어도 될 것 같다.

한약을 또 먹을 생각하니, 세끼 꼬박꼬박 약 챙겨 먹는 것도 귀찮다. 먹지 말아야 할 음식들은 왜 이렇게 많은지 모르겠다. 그것을 17일 동안 참고 먹어야 한다는 자체가 싫다. 특히 하루 종일 집에서 책을 보고거나, 컴퓨터 하다가 피곤하고, 지루할 때 한 잔의 커피가 외롭고, 고달픈 생활을 견디게 한다. 그 좋아하는 커피도 먹지 못하고 말이다. 집에서 가만히 앉아 돈 벌이도 없이 세월을 보내는 딸 위해, 몇 십만 원씩 주고, 약을 먹는 것이 짐만 되는 것 같아 마음이 편안하지 않다. 이 나이가 되면 도리어 부모님을 위하여 약을 해 드려야하는데 말이다. 할 수 없이 마지못해 아버지를 따라 한의원에 갔다.

한의사는 진맥을 하더니, 혀를 쯧쯧 차신다. "오른쪽 불편한쪽에 저혈압! 어지럽지" "예" "어지러울 때 아무것도 하지 말고 쉬어." "예" 어깨와 팔 운동부족으로 근육이 뭉쳐서 세 군네 피를 뽑았다. 위와 장이 안 좋아 되도록 밀가루 음식은 먹지 말라고 하신다. 불편한 몸이기 때문에 다른 사람들과 같이 똑바로 누워서 잘 수도 없고, 늘 몸에는 힘을 주어야 활동 할 수 있으니, 정상인보다 배 이상 힘들다고 하셨다. 다리는 쏙쏙 아플 수밖에 없다고 한의사는 내가 말 안 해도 귀신같이 다 알아 맞히신다.

한의사는 이렇게 힘들어서 어떻게 살아가느냐고 말씀하셨다. 이런 말이 마음을 더 불편하게 했다. 하루 이틀 살아온 것도 아닌데 말이다. 난 배냇병신으로 40년 넘게 살아왔다. 정상인으로 하루도 살지 못했기 때문에 내가 얼마나 불편하고, 몸이 안 좋은 것인지 모른다. 하루라도 정상인으로 살아보고 싶다. 비장애인으로 살다가 장애인이 된 사람들은 옛날에 자유롭게 생활했던 것이 자꾸 생각이 나서, 극복하기 힘들다고 한다. 그런 점에서 난 행복한 사람인지도 모르겠다. 또한 살아온 세월 속에 내 몸뚱이는 어느 정도 습관이 되고, 어느 정도 버틸 수 있는 힘과 정신력도 생겼다. 이 험난한 세상에 살아가기 위해서는 강해질 수밖에 없다.

한의사는 또한 살이 빠진 것 같다고 하신다. 사실 살이 쪄서 걱정이다. 사실 한의사에게 살 빼는 약 먹고 싶다고 말할 생각이었다. 작년에 살 빼고 싶다고 한의사에게 말을 했다가 당신은 그나마 살이 쪄서 걸을 수 있지, 그렇지 않으면 걸어 다니지도 못한다고 혼이 난 생각이 나서, 차마 아무 말도 못했다. 사실 나도 다른 여자들과 같이 아름다운 몸매를 가지고 싶다. 하지만 살을 빼다는 것이 쉬운 일은 아니다. 어쩜 이런 몸뚱이로 살아야 할 팔자인지도 모르겠다.

만약에 우리 집이 가난했다면 약도 못 지어먹고, 사회적 편견과 스트레스와 마음에 상처와 불편한 몸으로 무리하다가 결국에 몸과 마음이 다 지쳐서 지금 내가 이 세상에 없을지도 모르겠다. 그나마 부자는 아니지만, 먹고 살 정도 되는 집에서 태어나서 부모님의 보살핌으로 살아갈 수 있어 그나마 축복받은 것이다. 내가 건강해야 식구들이 걱정 안 하고, 살아가지 않겠는가? 내가 건강한 것이 식구들을 도와주는 것이다.

오늘도 난 아버지께서 정성껏 지어주신 사랑의 약을 먹는다. 이 약을 먹으면서도 살아가는 것이 참으로 서글프다.

(2011. 4. 10.)

해 피

어느 날 인터넷을 검색하다가 예쁜 곰을 발견하였다. 그것에 푹 빠져버렸다. 결국 구입하였다. 아이도 아니고, 40대 중반을 넘은 여자가 인형을 지지고 싶다는 생각이 웃기기도 한 일이다. 그래도 가지고 싶은 것 참을 수가 없었다. 인형은 나를 많이 닮았다. 얼굴은 물론 느리게 행동하는 모습도 닮았다. 내가 손으로 쳐도 넘어지지 않고 일어나는 너. 지금까지 오뚝이처럼 살아왔지만, 이젠 누가 뭐라고 해도 웃어넘기고 아무리 힘든 일이 있어도 넘어지지 않을 것이라고 그를 보며 다짐한다.

아주 오래전부터 오뚝이를 가지고 싶었다. 그 꿈이 이제사 이루어졌다. 집에 가만히 앉아서 인터넷으로 너를 찾았다는 것이 행운이다. 가만히 책상에 앉아서 물건을 구입할 수 있다는 것이 얼마나 편안한 세상인가? 동전을 곰인형에 집어넣는다. 한 푼 두 푼 넣다가 보면 세월이 흘러 목돈이 되겠지. 그 돈으로 책 내는데 조금이라도 보탬이 될 것이다. 곰을 통하여 나는 꿈을 이룰 것이다. 너의 몸뚱이를 반으로 열고 그곳에 보석이나 사탕 같은 것도 숨길 수 있어서 좋다. 그런 너를 보면 나를 많이 닮았다. 겉모습이 아름다우면 보기 좋지만 겉모습보다 속에 실속이 있는 사람이 더 좋다. 나도 더 실속이 있는 사람이 되고 싶다. 물론 나라는 사람은 겉모습은 나약하게 보이고 볼품없지만 말이다. 너는 겉모습도 예쁘지만 실속이 있게 내가 만들어 줄게.

이제 너의 이름을 '해피'라고 부르겠다. 해피야 내가 우울하고 속상할 때 너를 보면 힘든 것이 사라진다. 괜히 너를 툭툭 쳐보아도 넘어지지 않는다. 너는 나를 보고 늘 웃고 있다. 아무리 힘들어도 다른 사람들에게 너와 같이 웃음을 주도록 노력해 보련다.

오늘도 괜히 만지고 꼭 껴안아보곤 한다. 해피야 네가 내 방에 있어서 행복해!

『수필문학 추천작가회 연간사화집』 2015 / 25호

운동의 기적

지금 생각해도 참 다행인지 모르겠다. 단지 신의 뜻이라고 생각할 수밖에 없다 산다는 그 자체가 힘들었다 아니, 육체적으로 보다 정신적으로 더 힘들었다.

건강검진을 하여, 2011년 9월 초, 유방암 수술을 하였다. 건강검진이 없었다면 초기에 발견하여 빨리 회복하지 못했을 것이다. 그 후 마음의 그릇을 비우기로 마음먹었다. 또한 운동도 열심히 하게 되었다. 그 전에도 운동은 하였지만, 이렇게 적극적으로는 하지 않았다. 뇌성마비 2급으로 특별히 나에게 어떤 운동이 맞는지 모르고, 내가 할 수 운동은 거의 없었다. 불편한 몸으로 살아간다는 것은 결코 쉬운 일이 아니다. 단지 나에게 수영이 맞는데, 장애인 기관에 가서 수영을 하기에는 너무 멀고, 동네에 있는 수

영장에 가면 비장애인들이 따가운 눈초리를 보내며 불편하다고 싫어한다. 운동은 자기 자신의 건강과 스트레스를 해소하는 것이 목적이다. 수영하는 동안 난 더 스트레스를 받았다. 결국 며칠 다니다가 포기하였다. 그 대신에 걷기와 스트레칭을 하게 되었다. 매일 어머니와 같이 스트레칭 하는 것이 너무 힘들었다. 그것을 보면서 내가 얼마나 운동이 부족했는지 반성을 하였다. 걷기도 매일 하였다. 하루 중에 죽기보다 하기 싫은 것은 스트레칭이었다. 비가 오거나, 눈이 오면 나가지도 못했다. 암수술을 받은 후 헬스자전거를 구입하여 매일 저녁에 1시간씩 타고 있다.

이번에 건강검진 받는 해가 돌아와 4월 말 경에 건강검진을 받았다. 결과가 복부비만과 콜레스테롤이 높다고 나왔다. 과체중이라는 것은 알았지만, 복부비만과 콜레스테롤이 높다는 것은 충격이었다. 몸이 불편하다 보니, 비장애인들 보다 아무래도 활동이 부족하다. 특히 나의 경우, 하루 종일 책상에 앉아 책을 보거나, 컴퓨터나 만지고 사니, 그런 것이 당연한 일이다.

살찌는 것은 유방암에 위험하다고 한다. 가만히 생각해보니 살이 찌면서 유방암에 걸린 것 같다. 계속 운동을 해도 살은 빠지지 않았다. 결국 먹는 것을 줄이고, 계속 헬스자전거와 스트레칭을 하였다. 스트레칭 한 것은 몇 년이 되었다. 어머니와 같이 하면서도 난 힘들어 끙끙거리면서 겨우 따라하는 정도였다. 그렇게 힘든 스트레칭도 나날이 갈수록 점점 덜 힘들었다. 지금은 스트레칭이 힘들지 않고, 하고나면 몸이 개운해서 기분이 참으로 좋다. 뻑뻑

했던 몸이 많이 유연해졌다. 사실 평생 윗몸일으키기를 하나도 못했다. 그러나 지금 겨우 한 개 정도 한다. 그것은 나에게 기적이었다. 처음에는 헬스전거를 타면서도 힘들고, 종아리가 아팠다. 꾹 참고 꾸준히 매일 타다 보니, 걸음 걷는 것이 더욱더 좋아졌다. 그리고 몸도 가벼워졌다. 몸무게도 좀 줄었다. 그러나 복부비만을 빼기 위해서는 아직 더욱더 노력해야 한다. 미리 알고 운동을 하였다면 투병생활과 복부비만은 없었을 것이다. 지금 이렇게 좋아지는 모습에 주위사람들도 덩달아 좋아하고 있다.

장애로 움직이고 활동하기가 불편하다보니, 운동을 꾸준히 한다는 것은 결코 쉬운 일이 아니다. 또한 비장애인과 똑같이 운동을 하고 싶어도 몸이 따라주지 않는다. 그럴 때 병원에 찾아가 재활의학과 의사선생님과 상담을 해서 운동실천을 해야 한다. 운동은 비장애인보다 더욱더 중요하고 꼭 필요한 것이다. 바쁘다고 힘들다고 그냥 살다가보면 그 게으른 생활이 빨리 죽음의 길로 가는 것이다. 신께서 이런 몸과 투병생활을 통해 더욱더 열심히 살라고 주신 삶의 선물인지도 모르겠다.

만약 건강검진이 없었다면, 건강 상태를 몰랐을 것이다. 그냥 나태한 생활로 결국 내 자신과 가족들을 더 힘들게 만들었을 것이다. 건강검진을 받는 것이 내 자신을 살리는 길이었다. 오늘 저녁도 할 일들이 많지만, 다 제쳐놓고 1시간 40분 정도 꼭 내어서 적극적으로 운동을 한다. 더 좋은 내일을 위하여.

(2013. 8. 4.)

엄마와 산책

오늘도 집에 가만히 있고 싶은 유혹을 뿌리치고, 헉헉거리면서 엄마를 뒤따라 걷기 바쁘다. 운동을 하기 위하여 둑길을 뛰거나 걷는 사람들이 띄엄띄엄 보였다. 요즘 살과의 전쟁 때문에 남녀노소(男女老少)할 것 없이 다이어트에 신경을 많이 쓰고 있다. 나 또한 운동도 안하고, 사무실에 가만히 앉아 일만 했더니, 배가 나왔다. 이런 내 자신이 미울 정도로 싫었다. 이제부터 엄마와 같이 매일 30~40분 걷기로 했다.

엄마는 내가 살이 자꾸 찌는 것을 보시고, 건강이 안 좋아질 것을 걱정하셔서 불편한 다리를 가진 딸을 위해 친구가 되어 걸어주셨다. 불편한 내 걸음에 맞추어 때로는 빨리 걷도록 앞질러 가시다가, 내가 좀 늦추어 걸으면 엄마도 내 걸음에 맞추어 걸으셨다. 사실 딸을 위하여 걸음을 맞추어 걷는 것이 때로는 짜증나고, 불편했을 것이다. 그런 딸자식을 보면서 마음이 더 아프실 엄마. 엄마가 앞질러 가는 모습에 나도 빨리 걸으려고, 비틀거리는 발을 더 똑바로 걸으려고 애를 쓰며 걸었다. 그런 나를 보시며, "성윤아 힘들지"하고 말씀하시는 엄마, "괜찮아요." "그래, 성윤아 빨리 걸어서 힘들어야 살이 빠지는 거야, 그리고 몸 관리도 네 자신과의 싸움이란다."하시며 앞질러 걸으신다.

난 또 늦추어 걸었다. 그런데 앞질러 가는 어머니의 모습이 오늘따라 더 작아 보이고, 어깨가 무거워 보였다. 딸이 취업을 했다고 기뻐하시던 엄마. 평생 직업으로 생각하고 열심히 일을 했는데, 또 백조가 되었다. 엄마가 안심했던 딸이 또 걱정으로 돌아왔다. 나도 나이가 먹어감에 따라 엄마는 늙어가고 힘과 기운이 없어지고 쪼그라드시는 그런 모습에 마음이 무척 쓰리고 아파서 눈가가 흐려진다. 장애로 태어난 나를 사회의 편견과 차별 속에서 더욱 떳떳하게 키우기 위해서 비장애인 엄마들 보다 무척 힘들게 피 눈물 가시지 않고 키우셨다. 손가락 중에 가장 아픈 손가락이다. 매일 밖에 나가 아이들에게 놀림 받고 울면서 돌아오는 딸, "엄마 왜 나는 장애인으로 태어났어."하고 엄마와 같이 껴안고 울던 일, 때로는 엄마가 내 장애를 이해 못하는 것 같아 엄마에게 수 없이 대들고 의견차이로 속도 무척이나 썩혀 드렸다. 공부한다고, 일한다고, 컴퓨터 배운다고, 밤을 수없이 새우다시피 하는 딸의 방에 불이 켜져 있는 것을 보고, 수없이 속으로 울었을 엄마. "난 언제까지 엄마에게 이렇게 아프게 해드려야 하는가?" "엄마에게 미안해요. 고마워요. 죄송해요. 사랑해요." 밖에 할 말이 없다. 못난 딸이다. 엄마의 잘못도 나의 잘못도 아닌, 사회적 편견과 차별이 장애인이 이 사회에서 살아갈 수 없도록 하는 것이 원망스럽다.

아직 초봄이라 두터운 겨울옷을 입었는데도, 집에 돌아오면 그 옷이 축축하게 젖어 있었다. 이런 딸을 보고 또 마음 아파하시는 엄마.

"어머니는 자식을 위해서는 무엇이든 희생하시고, 위대하시다."는 말이 있다. 그런 보통 어머니들 보다 몇 배 훌륭한 분들은 장애인들을 키우시는 자랑스러운 우리 어머니들이다. 그 어머니들에게 언제 눈물이 아닌, 웃음꽃이 필지.... 엄마와 함께 오늘 저녁도 건강을 위해 걷고 있다. 어머니보다 엄마하고 부르는 것이 좋아 나는 오늘도 엄마라고 부른다.

(2010. 10. 10.)

선택의 길

얼마 전 어느 모임에 가서, 또 시집가라는 이야기를 들었다. 다들 똑같은 삶을 살아가길 원하는 것 같다. 시집을 갔으면 벌써 가야했다. 동안(童顔)이라 20대 후반이나 30대 초반으로 보인다고 한다. 울어야 할지, 웃어야 할지 나도 모르겠다. 사실 내일 모래면 내 나이도 50이다.

옛날에 20대 후반이나 30대 초반 때, 사람들 마다 나에게 콧대가 높아서 시집을 안 간다고 말하면 받아쳐서 "저 콧대가 하늘을 꼭대기까지 찌르고 있어요."하고 웃으면서 넘어갔다. 시집을 기면 내 자신도 힘들지만, 자식에게 엄마로써 다른 엄마들과 똑 같이 해 줄 수 없다는 것이 제일 큰 문제일 것 같다. 또 내 자신이 살아오는 과정에서 차별과 편견 때문에 얼마나 울고 고생을 해야 했던가? 아이들에게까지 너의 엄마는 장애인이라고 놀림을 받고 살아가게 하고 싶지 않았다. 또한 남자란 직업이 있어야 하고, 정신력이 어느 누구 보다 강하고 성실해야 하는데 그런 장애인 남자를 찾기가 쉽지 않았다. 어느 순간부터 혼자 자유롭게 날개를 달고 살고 싶다는 생각을 했다. 또 여자란 이리저리 잘 돌아다니고 사교성이 있고 덜렁거리고 철이 없는 여자가 시집을 잘 가는 것 같다. 나는 내 자신을 드러내지도 않고 하루하루 내 맡은 일만 성실히 하고, 있는 듯 없는 듯, 어느 모임에 가도 내 자신을 잘 드러내지 않는다.

지금 특히 여자들이 결혼 안하고 애를 낳지 않아서 인구가 줄어든다고 다들 걱정들이다. 그런 면에서 내 이기주의도 한몫 톡톡히 하고 있다. 그러나 장애인이란 이유로 그 죄에 면제부가 되지 않을까? 하는 생각도 감히 해본다.

요즘 들어서 여자들이 너무 불쌍하다는 생각들을 많이 하게 된다. 결혼하기 싫은 남자와 결혼해 불행하게 사는 사람, 여자를 노예같이 함부로 대하는 남자, 돈 한 푼도 안 주는 남자, 매 맞고 살아가는 여자. 여자를 밖에 출입도 못하고 집에만 있게 만드는 사람, 별별 사람들이 많다. 그런 것들을 보면서 결혼 안하기 잘했다고 생각한다. 지금은 그래도 많이 좋아졌다고 하지만 차마 자식 때문에 헤어지지 않고 참고 살아가는 여자들이 얼마나 많은가? 특히 어머니도 아버지한테 꼼짝 못하고 잡혀서 살아가는 것이 딸로서는 가엾다. 아버지의 그런 모습이 어머니의 사랑 방법일까? 그러나 아버지는 나쁜 면도 있지만 성실히 가족만 바라보고 살아오신 것은 존경한다. 이젠 좀 어머니에게 자유를 주었으면 좋겠다고 생각한다.

요즘에는 우리 어머니 세대에 비하면 별천지 같은 세상을 사는 여자들도 많아졌다. 어느 날 친구들과 모임에 갔다가 늦게 와보니, 저녁 차려놓고 기다리고 있다는 남자와 1년에 두 번 한 2주간 여자 혼자 여행 갈 수 있도록 만들어 주는 남자도 있다는 말을 듣고, 그런 여자들은 얼마나 행복할까? 결혼 안한 나도 부러웠다. 이렇게 많이 좋아졌다고 하지만 아직도 먼 것 같다. 지금도 여자들이 희생적인 생활들을 하는데, 옛날에는 여자가 더욱더 사람 취급도 받지 못했다고 생각하니, 마음이 무척이나 아프다. 이런 것들을 보면서 정말 결혼 안하기 잘했다는 생각이다.

가만히 보면 남자들이 너무 잘 못하는데, 여자들은 왜 참고만 살았는지, 지금은 결혼해도 아이들을 돌보아 주는 사람도 구하기 힘들고, 또한 여자들은 아이들을 키우고 나서 다시 일자리를 구하기 힘들다. 사교육비가 너무 많이 들어가 엄두가 나지 않는다고 한다. 또한 시어머니는 자기가 그렇게 구박을 받고 살았으면서도 그것이 분해서 며느리에게 대물림 한다고 한다. 자기 아들은 부엌에 들어가서 도와주는 것을 싫어하면서 자기 딸, 사위에게는 그런 것을 해주면 예쁘단다.

김치를 담을 때 우리 식구가 먹을 것과 모두 합하여 세통을 똑같이 담아서 올케들이 주말에 오면 하나씩 주신다. 또한 조카들 생일 때 열 살까지 해주면 좋다고 하여 수수팥떡을 만들어다 주시기도 하는 것이 나에게는 어머니가 좋은 시어머니로 보이는데, 올케들은 어떻게 생각을 할까? 궁금하기도 하다.

고부갈등 이야기들을 보고 들으면서 정말 결혼하지 않기 잘했다는 생각을 하게 된다. 이런 악순환이 언제 해결이 될까? 꼭 결혼이 인생에 있어서 해결이 아니라고 생각한다. 특히 나 같은 경우는 말이다.

(2014. 5. 29.)

언니의 비밀

방 안에 있는 화초들이 물만 주는데 잘 자라고 있다. 그런 화초들을 보니 기특하고 대견스럽다. 생명력이란 대단한 것 같다. 사람도 화초와 비슷한 것 같다. 사람은 무슨 힘으로 살아가는 걸까. 몸이 성치 않고 경제적으로 넉넉하지도 않은 사람의 경우에는 더욱 그 힘이 절실하다. 겉으로 보기에 힘들어서 아무 일도 할 수 없을 것 같은 사람이 웃으며 하루하루 잘 지내고 있는 걸 보면 놀랍고 궁금해진다. 마지못해 시간을 보내는 것이 아니라 삶을 단단히 움켜쥐고 빛나는 무엇인가를 만들어내는 듯 보이는 사람. 그를 지탱하고 앞으로 나아가게 하는 것은 무엇일까.

G언니는 류머티즘으로 손이 온전하지 못하다. 그 손으로 일을 한다는 것은 쉬운 일이 아니다. 통증을 참아가면서 컴퓨터 자판을

두드려야 한다. 일을 빨리 할 수 없으니 동료들이 좋아할 리가 없다. 언니는 어떻게 어려움을 헤쳐 나갔을까. 하늘이 무너져도 솟아날 구멍이 있다는 옛말을 믿고 실천했다고 한다. 다른 사람들보다 일찍 출근하고 청소와 궂은일을 도맡았다. 시키는 사람이 없어도 화장실이나 보이지 않는 구석에 있는 더러운 것들을 깨끗하게 치웠다. 싫은 소리를 들어도 한 귀로 듣고 한 귀로 흘려버렸다. 미운 놈 떡 하나 더 주는 심정으로 차갑게 대하는 사람들에게 웃는 얼굴을 하고 작은 것이라도 베풀었다. 덕분에 직장의 분위기는 화기애애해졌고 동료들은 편안하게 일할 수 있었다.

고통을 참으며 자기에게 주어진 자리를 묵묵히 지켜왔던 언니에게 정년퇴직 할 날이 다가온다. 회사에서는 퇴직 후에도 계속 나와달라고 했다. 긴 세월 애쓴 보람이 있어 언니는 없어서는 안 될 사람이 되어 있었다. 세상에 공짜는 없다는 말이 떠오르는 대목이다.

얼마 전 한 친구가 놀고 있는 나에게 직장을 구해주었다. 오래전에 일을 같이 했던 친구다. 그가 잊지 않고 내게 기회를 준 것이 기뻤다. 힘들었지만 잘 못 살아오지 않았다는 생각을 하니 내 자신이 대견했다. 속으로는 수없이 울었지만 아무렇지도 않은 척 웃었고 꾀부리지 않으려고 이를 악물었던 시간들이 떠올라 잠을 이룰 수 없었다. 그 친구가 나에게 친절히 일을 가르쳐 주는 모습이 고맙다. 나보다 더 불편한 몸으로 말이다.

직장에 나가면서 G언니 생각을 많이 하게 된다. 장애인이라도 일할 수 있고 착하고 넉넉한 마음을 갖고 있다는 걸 보여주고 싶다. 그간 갈고 닦아 온 컴퓨터 실력을 유감없이 발휘하고 사랑받는 동료가 되기 위해 최선을 다할 것이다. 모처럼 찾아온 기회를 놓치지 않으려면 언니처럼 부지런하고 굳센 사람이 되어야 한다고 다짐한다.

때로는 삶이 너무나 버거워서 주저앉고 싶었다. 신을 원망하기도 했다. 아무리 애써도 달라지지 않는 장애인이라는 운명. 피할 수 없다면 받아들여야 한다. 힘들어도 일어나 앞으로 나가야 한다. 누군가 가르쳐준 것처럼 나는 견뎌왔고 살아남았다. 불공평하고 억울하다는 생각이 들때면 이보다 못한 사람도 있는데, 이만하면 감사하지 않을까 스스로 위안을 삼았다. 바보처럼 낮은 곳을 바라보았던 게 나를 지켜준 방패가 되었는지 모른다.

언니는 긴 세월 무슨 힘으로 살아왔을까. 가냘픈 몸과 구부러진 손가락으로 험한 파도와 싸울 수 있었던 비밀은 무엇일까. 창백한 얼굴에 아이 같은 미소를 띤 언니를 떠올린다. 겨울날 황량한 벌판에 선 나무. 언 땅에 뿌리를 박고 시린 하늘을 이고 선 것 같은 쓸쓸하고 고요한 모습이다. 날이 풀리고 단비가 내리면 새순을 틔울 수 있으리라 믿으며 혹독한 추위를 견디는 나무처럼 언니에게도 믿음이 있었으리라. 더 좋아지리라는, 기다리노라면 싹이 트리라는 희망이 있었으리라. 내게 가야할 길이 얼마나 남아있는지 모르지만 그 길의 끝에서 언니처럼 슬기롭게 헤쳐 왔다고 웃으며 되

돌아 볼 수 있기를 기도한다.

아들 딸 남매를 박봉으로 혼자 키워 낸 언니의 비밀을 알 것 같기도 하다. 그 언니가 노후가 편해져서 그 비밀을 같은 처지의 사람들에게 환하게 웃으며 얘기할 날을 생각하며 입가에 미소가 번지는 아침이다. (2014. 3. 7.)

어머니의 상추

밥 먹는 일이 고역일 때가 많다. 봄이 되면 더 그렇다. 꽃이 피고 초목이 푸르러져 생명의 기운이 온 세상을 채우건만 내 몸에서는 힘이 빠져나간다.

어머니는 이런 나를 위하여 상가 옥상에다 밭을 만들어 채소를 기르신다. 버리지 않고 모아둔 스티로폼 상자에 산에서 흙을 퍼다 담는다. 나무가 만들어준 거름흙이다. 고추와 상추, 쑥갓과 열무와 파가 자라는 어머니의 밭, 우리의 식탁을 풍성하게 해준다. 희고 노란 꽃이 피고 나비가 날아드는 꽃밭이기도 한 이곳에서 어머니는 오랜 시간 내려올 줄 모른다.

맨 처음 따다 먹는 상추의 맛을 어디에 비길까. 사막에서 만난 샘물처럼 놀랍다. 씹기도 전에 녹아버리는 어린 잎. 연하고 고소

하고 향긋한 맛이 입안에 퍼지며 기분이 상쾌해진다. 나쁜 것들이 씻겨 나가는 것 같이 몸이 가벼워지는 느낌이다. 어머니의 젖을 먹은 아이처럼 기운이 난다.

어머니가 집에서 만든 된장에 풋고추, 마늘, 양파, 부추를 송송 썰어 넣고 되직하게 끓인 쌈장, 상추와 환상의 궁합을 이룬다. 상추를 몇 장 겹쳐서 들고 밥 한 순갈을 크게 떠 놓는다. 따끈한 된장을 듬뿍 얹어 잎을 여민 다음 크게 벌린 입 안에 넣고 우적우적 씹으면 밥을 먹기 싫었던 적이 있었던가 싶게 식욕이 나고 기분도 좋아진다. 여러 가지 재료들이 어울려 내는 쌉싸름하고 짭짤하고 달착지근한 맛이 오감을 자극하여 나른한 몸에 활기를 불어넣는다. 커다란 쌈밥이 밀려오는 바람에 놀란 침샘이 열리고 귀밑이 빼근해진다. 입을 너무 크게 벌려서인지 눈물까지 핑 돈다.

어머니의 상추 덕분에 기운을 차리고 보니 하고 싶은 일이 생각난다. 먹을 줄만 알았지 어떻게 기르는지 몰랐던 상추를 내 손으로 키워보고 싶다. 씨를 뿌리고 물을 주면서 태어나 자라는 모습을 지켜보고 싶다. 잡초를 뽑고 벌레를 잡아주면서 떡잎이 지고 제 잎이 나와서 붉은색을 띠고 쪼글쪼글 반짝거리는 어엿한 모습으로 변하는 과정을 모두 보았으면 좋겠다. 떼어내면 젖같은 흰즙이 나오고, 물만 먹고 자랐는데도 제 몸을 바쳐 우리의 기운을 북돋워주는 신기한 이 친구의 모든 것을 알고 싶다. 어머니가 기르는 것을 어깨 너머로 보는 것 말고 내 손으로 씨를 뿌리고 가꾸어 보리라.

매일 먹으면서도 질리지 않는 된장, 우수하고 건강한 먹거리라 알려졌지만 직접 만들어 먹기란 쉽지 않다. 우리 집 식탁을 든든하게 지켜주는 어머니의 된장을 그분이 안 계시면 누가 만들까. 거르지 않고 가을이면 메주를 쑤고 봄에 장을 담그시는 어머니를 위하여 나는 아무 것도 한 일이 없다. 주시는 사랑을 그저 받기만 했을 뿐이다. 당신이 언제까지나 건강하게 내 옆에 계실 수 있다면 좋으련만. 약해진 어머니의 모습을 보면서 한숨이 나온다.

어느새 다 먹어버린 밥 한 그릇. 가장자리에 붙은 밥을 긁어모아 쌈장 한술을 얹어 상추쌈을 한 개 더 싸서 입에 넣는다.

(2015. 5. 10.)

편안한 삶

주말마다 그 먼 곳으로 가야하니 귀찮다. 모처럼 쉬는 날 개운하게 씻고 집에서 편안히 쉽고 싶다. 주말이면 긴장이 풀려서 내 걸음이 더 꼬인다. 그것도 다행이다. 가다가 넘어지기도 한다. 왜 이렇게 멀어하면서 투덜대며 간다. 정말 가까운데 있었으면 좋겠다. 다른 사람들도 다 가까이 있었으면 좋겠다고 한다.

우리 동네에는 목욕탕이 두 군데와 찜질방이 있었다. 그 목욕탕도 다 사라지고. 마지막 찜질방도 부도가 나서 밤에 도망갔다.

요즘은 건강을 위해 수영이나 헬스 등으로 운동하는 사람들이 많아졌다. 운동을 하고 샤워를 하려고 꼭 목욕탕을 찾는 사람들이 많이 줄어들었다. 또한 아파트에서 뜨거운 물이 나와서 대부분 집에서 샤워하고 가끔씩 찜질방에 간다. 그러니, 당연히 목욕탕이 사라질 수밖에 없다. 다 망해서 사라지는데 내가 가는 그곳은 다른 곳에서 목욕탕이 없어지자, 이곳저곳에서 모여들어 토요일과 일요일은 앉을 자리가 없이 사람들이 많다. 다른 곳은 다 망하는데, 그곳은 정말 대박이다. 아마 주인이 착하게 살아서 복을 받는지도 모른다.

가끔 이런 생각을 해본다. 내 집 근처에 성당이 있고, 쇼핑몰 가게가 있고, 운동할 수 있는 수영장이 있었으면 좋겠고, 그 밖에 내가 필요한 것들이 내 주위에 있었으면 좋겠다는 생각을 해 본다. 그렇게 되면 정말 편안할 것 같다. 그러면 아마 내 몸은 살이 찌거나 몸이 더 안 좋아질지도 모르는 일이다. 아마 사람은 움직일 수 있을 때 많이 움직여야 한다. 죽음이 닥치더라도 말이다. 온 힘을 다해 죽을 때까지 움직여야 한다. 늘 활동이 많아서 그나마 건강한지도 모르는 일이다.

세상은 많이 변화고 있다. 가기 힘들어도 그마나 이렇게 걸어다닐 수 있는 것이 행복한 일인지도 모르는 일이다. 만약에 내가 다니던 곳도 없어지면 어떻게 하지? 다른 곳을 찾아봐야 하나, 그렇다고 미리 걱정할 필요는 없는 것 같다.

(2016. 5. 5.)

즐거운 저녁시간

어디 가서 무엇을 배운다는 것은 힘든 일이다. 오고가고 하는 시간도 아깝다. 돈을 내고 배운다는 것은 더욱더 아깝다. 몸이 아프다 보니, 고대에 다니고 있던 한자공부를 포기해야만 했다.

퇴근을 하고 와 저녁을 먹고 컴퓨터 책상에 앉는다. '글 쓰는데 도움이 될까' 하는 생각에 초등학교 국어와 한문 공부를 하고 있다. 초등하교 공부를 한다는 것은 창피한 일이기도 한다. 하지만 모르는 것보다 낫다고 생각한다. 인터넷 EBS에 아무 때나 들어가서 듣는다. 그렇게 편안할 수 없다.

어릴 적 학교를 다녔지만 손에 장애가 있어 공부를 제대로 할 수 없었다. 지금에 와 후회를 해 보지만, 아니 후회한다고 되는 일도 아니다. 어디 공부하기 싫어서 안한 것이던가? 지금 같으면 학교에 다니지 않고, 집에서 인터넷 강의를 들으며 공부해서 검정고시를 봤다면 더욱더 쉽고 상처도 받지 않았을 것이다. 조금 더 늦게 태어났으면 좋았을 걸하고 생각해 본다. 지금 어린 학생이었으면 좋겠다. 물론 건강한 몸으로 말이다. 하지만 이루어질 수 없는 일이다.

지금 초등학교 국어 5학년 2학기 강의를 듣고 있다. 지금 계획으로는 고등학교까지 쭉 들어볼 생각이다. 요즘은 『천하무적 한자 900』, 『어휘랑! 교과서 한자어를 찾아라!』, 『스쿨랜드 한자왕국』 등을 듣고 있다. 알고 있는 한자도 있지만 모르는 것도 꽤 많다. 매일 반복해서 듣다가 보면 더 많은 한자를 알겠지! 한자 들으면 손가락으로 써보기도 하면서 외우고 있다. 책을 보다가 내가 알고 있는 한자가 나오면 그렇게 반가울 수가 없다. 한자는 계속 써야 잊어버리지 않는다. 계속할 것이다.

이런 공부를 하고 있어, 책들을 많이 읽지 못한다. 주말에 책을 읽지만 부족하다. 빨리 국어 강의를 다 듣고 나서 책을 많이 읽어야겠다. 회사에 갔다 오면 다리가 아프다. 그러나 공부하는 시간 중에는 아픈 것도 모른다. 아마 더욱더 나이가 먹을수록 힘들겠지. 젊을 때 많이 익혀야 하겠다.

어쩌면 난 공부할 팔자인가 보다. 어느 정도 목표가 이루어지면 영어공부도 할 생각이다. 아마 죽을 때까지 그렇게 배우고 노력하면서 살 것 같다.

이런 마음은 신이 나에게 주신 귀하고 고마운 선물이다. 이런 보람이 없다면 나는 무슨 재미로 살까? 저녁 시간은 귀중하고 즐거운 시간이다. (2015. 11. 7.)

7

아름다운 만남

아름다운 만남

주일 미사에 참석하고 집으로 가는 중이다. 일흔 여섯인 할머니와 함께 버스를 탔다. 아들과 며느리와 딸이 늘 성당에 자가용으로 데려다주신다. 그런데 아들은 지방으로 이사를 갔다. 딸은 요즘 바빠서 성당에 못 왔다. 조금 지나다 보니 반대쪽으로 가고 있는 게 아닌가. 거꾸로 탄 것이다. 마음이 어디에 가 있었을까. 할머니를 믿고 방심했는지도 모른다. 이런 실수를 다 하다니 기가 막혔다. 허둥지둥 버스에서 내렸다. 택시를 타고 가자고 하니, 할머니는 조금만 걸어보자고 하며 앞장 서 가셨다. 달리 좋은 생각이 떠오르는 것도 아니라서 조금씩 따라 가다보니 엉뚱한 길로 들어섰다. 한 번도 가본 적이 없는 낯선 동네였다. 날씨도 쌀쌀한데 마냥 걸을 수는 없어 길가의 깨끗한 작은 음식점에 들어가 길을 묻기로 했다. 부드러운 인상의 아주머니가 뚝섬역은 한참 가야한다고 말했다. 마침 아들내외가 그쪽으로 갈 거라며 같이 가면 되니 들어오라고 했다.

주인집 아들은 늦은 아침을 먹고 있었다. 아주머니는 우리에게 따끈한 율무차를 내주었다. 아들이 다 먹을 때까지 기다리라고 하며 다정히게 웃었다. 차를 마시니 한데서 언 몸이 녹아서 살 것 같았다. 뜻밖의 친절에 마음이 더 따스해졌는지 모른다. 아주머니는 우리의 옆에 와 앉으며 식전이라면 한술 뜨라고 하셨다. 세상에 이런 사람이 있었다니! 한 번도 받아본 적이 없는 과분한 대접에 멍해졌다. 괜찮다고, 고맙다고 손을 젓는데 가슴이 뜨거워지고 얼굴이 달아올랐다.

아들 내외는 그 전날에 와서 어머니와 함께 김장을 하고 집으로 돌아가는 길이라고 했다. 갓 담근 김치 냄새가 솔솔 풍겨 나오는 차안에서 이런 저런 얘기를 나누는 동안 뚝섬역을 지나 집 근처까지 다다랐다. 편안하게 잘 왔다고 치하하는 우리를 내려놓고 멀어져 가는 차의 뒷모습을 보면서 꿈을 꾸고 있는 것 같았다. 무슨 복에 이처럼 좋은 사람들을 만났을까. 행운의 여신이 모처럼 내편이 된 걸까. 늘 미사가 끝나면 나를 먼저 찾는 고마우신 할머니가 복을 부른 것 같기도 했다. 그분은 자녀들이 하나같이 챙기는 고마운 분들이다. 그 덕분에 성당에 늘 편안하게 다녔다.

지금껏 내가 누군가에게 따스한 사람이었던 적이 있었던가. 도움을 받은 적은 많았지만 베풀었던 기억은 떠오르지 않았다. 아무 조건 없이 도움의 손길을 내민 천사 같은 사람들을 만나고 난 후 여러 가지 생각이 떠올랐다. 원망과 미움이 많아 감사하는 것을 잊고 살았던 지난날이었다. 고통과 슬픔에 익숙해져 있는 동안 행운이 저만큼 멀어져 가는 걸 깨닫지 못했다. 작은 음식점을 꾸려가며 가난하게 살아도 마음이 부자인 아주머니처럼 살고 싶었다.

삭막하고 자기 밖에 모르는 요즘 세상에서 이런 사람들을 만난 것은 감동을 넘어 놀라움이었다. 이처럼 선한 의지를 가진 사람들 때문에 이 세상은 유지되고 있으리라. 버스를 잘 못 타고, 모르는 동네에서 길을 잃었던 일요일 아침은 잊지 못할 행운의 시간으로 남았다.

(2014. 11. 29.)

아름다운 두 분

제단위에서 두 세 명의 학생들이 아름답게 손가락들을 움직이고 있다.

우리 성당에 보좌 신부님이었던, 안범섭 니콜라오 신부님은 신학교 시절에 같이 공부하는 동기가 농아인이었기 때문에, 자기가 직접 수화를 배우가면서 그 분을 위해 강의 시간에 옆에 앉아서 통역을 해주셨다. 한국에서 장애인 신부가 되기가 불가능해, 미국에 가 공부하고 와, 지금은 농아인들을 위한 사목활동을 하고 계신다.

이 두 분 신부님 앞에서 울 수밖에 없었다. 자기 공부도 하기 힘든데, 옆에서 도와주다는 것은 보통 사람으로 아무나 할 수 있는 일이 아니다. 언어가 통하지 않는 사람에게 그만큼 신경을 쓰고 배려해 준다는 것은 정말 쉬운 일이 아니다. 더구나 하루 이틀도 아니고 말이다. 많은 사람들이 장애인하고 같이 생활한다는 것은 그만큼 불편하고 신경을 써야하기 때문에 다들 싫어하는 것이다. 또한 도움 받은 신부님은 도와주는 동기가 더욱더 고마워 열심히, 그 힘든 장애를 다 극복하고, 신부님이 되셨다. 어쩌면 이런 것들이 하느님이 원하시는 사랑이라고 생각한다.

아마 안니콜라오 신부님이 없었다면, 농아신부님은 신부님이 되지 못했을 것이다. 그뿐만 아니라. 지금은, 그 덕분에 농아인들이 쉽게 고백성사도 볼 수가 있었고, 미사시간에 농아인들이 서로 대화가 통하여, 그 많은 농아인들에게 희망과 꿈을 주고 있다. 장애인도 능력이 있을 때, 다른 사람들에게 도움을 줄 수 있다. 그 힘든 공부를 하여 많은 농아인들에게 빛이 되고 있다. 우리 성당에 오시면서 안보좌신부님은 미사시간에 초등학교, 중학교, 고등학교, 청년들에게 수화를 가르쳐, 미사시간 중간 중간에 율동을 하게 하셨다. 어떤 어르신은 정신사납다고 싫어하기도 했다. 신부님은 성당에 농아인이 오면, 외로움과 외톨이가 되지 않기 위해서라도 수화를 알아야 한다고 말씀하셨다. 나도 신부님 말씀에 동감한다. 그 덕분에 우리들은 수화를 배우게 되었다.

불편한 손으로 밤을 새우시피 컴퓨터를 공부하면서 하나, 둘 자격증을 취득할 때, 기죽어 지내던, 삶이 달라지기 시작했다. 세상에 살아가는 용기와 자신감이 생겼다. 그 덕에 한 3년 동안 장애인들과 장애인들 가족들을 위하여, 봉사로 장애인 기관에 가서 컴퓨터 보조강사를 하였다.

내가 가르치던 학생이 컴퓨터 자격증시험에 합격해 오는 것을 보면, 그 순간 보람을 느끼기도 했다. 그뿐 아니라, 자꾸 학생들과 대화를 하다보니, 발음도 더 좋아졌다. 그것은 돈 주고도 못하는 언어치료였다. 컴퓨터로 인하여 재택근무도 하고, 글도 쓰고, 그밖에 다른 것들도 책장에 가만히 앉아 할 수 있다는 것에 감사하다. 가끔씩 주위 사람들이 컴퓨터를 몰라 찾아오거나, 프로그램이 없어 고민할 때, 가르쳐 주기하고, 프로그램을 얻어다 주기도 한다. 그 조그마한 것들이 누군가 도움이 된다는 것에 한편으로는 마음이 뿌듯해진다.

사람은 능력이 있는 만큼 그 능력을 나누면서 살아야 한다. 장애인들이나 정상인들이나 아무도 혼자 살아갈 수 없다. 서로가 이해하고 배려하면서 도울 때 모두가 발전할 수 있고, 사회는 그로 인하여 더 밝아질 것이다. 그 안니콜라오 신부님처럼 누군가에 필요한 사람, 도움이 되는 사람으로 살아왔는지 반성을 해 본다. 가만히 생각하니, 누군가 도와준 것보다 도움을 많이 받았다. 그 고마운 분들을 위해서라도 더욱더 열심히 살아가면서 누군가에 꼭 필요한 사람이 되고 싶다. 그 두 분의 아름다움을 생각하면서, 미사시간에 이 불편한 손으로 잘 안되는 율동을 열심히 따라한다.

(2013. 2. 15.)

미카엘을 만나다

"너 걷는 모습이 많이 좋아졌다."

모처럼 평일미사에 갔다. 오랫동안 바쁘고 몸도 좋지 않아서 성당에 갈 수 없었다. 미사가 끝나고 미카엘이 "언니"하면서 다가왔다. 걸음걸이가 자연스러워 놀라웠다. 운동 삼아 평일미사를 걸어 다니다보니 다리에 힘이 생기고 걷는 일이 쉬워졌다고 했다. 미카엘의 변화에 덩달아 내 마음도 밝아졌다.

몇 년 전 겨울, 눈이 많이 내린 날이었다. 모니카자매님이 자가용으로 미카엘과 나를 집까지 데려다 주었다. 함께 타고 가면서 우리는 이야기보따리들을 풀어놓았다. 나는 운동하려고 꽤 먼 거리인 성당을 걸어 다닌다고 했다. 그때는 체중이 늘어서 고민이었다. 운동을 따로 하는 것은 생각하지 못할 때였다. 웬만큼 먼 거리는 걸어 다니고 일상생활에서 많이 움직이는 것이 운동이었다. 애쓴 보람이 있어 보는 사람들마다 걸음걸이가 좋아졌다고 했다. 미카엘은 내 이야기에 귀를 기울이며 고개를 끄덕였다. 눈 쌓인 바깥 풍경을 내다보며 아늑한 차 안에서 이야기꽃을 피우노라니 걱정이 사라지고 즐거워졌다.

미카엘은 날 때부터 불편한 몸이었던 나와 달리 갑자기 병으로 쓰러졌다. 그 후 그녀는 걷기가 힘들어졌다. 안간힘을 쓰면서 움직이는 모습을 볼 때, 내 일인양 마음이 아팠다. 그만큼 걸을 수 있기까지 얼마나 애썼을까 생각하니 대견하면서도 코끝이 찡해졌다.

미카엘을 만나고 집으로 돌아오면서 처음 바깥세상으로 나올 때를 생각했다. 집안에 틀어박혀 있는 걸 그만두고 사람들과 만나고 활동을 계속하기까지 얼마나 힘들었던가? 불편한 몸으로 걷고 버스를 탈 때 모두 나만 쳐다보는 것 같았다. 몇 번이고 주저앉고 싶었다. 몸보다 더 무거운 마음을 추스르고 혼잣말을 했다. '어느 누구도 혼자 살 수 없는 것이 이 세상이다. 어차피 해야 할 일이라면 고민하지 말자. 잘 할 수 있을 때까지 앞만 보고 나아가자.' 나를 지탱해줄 사람은 결국 나밖에 없었다.

죽을 힘을 다해 바깥 세상에 적응하는 동안 몸이 좋아졌다. 마음도 단단해졌다. 정도의 차이는 있을지라도 누구에게나 사는 일이 만만치 않다는 것을 알게 됐다. 다른 사람에게 마음을 열고 손을 내밀기에는 너무 힘든 세상이 아닌가. 그런 생각을 할 만큼 여유가 생겼다.

장애를 겪는 사람들에게 따스한 마음을 보여주는 사람들이 있다는 것은 얼마나 감사한 일인가! '내'가 아닌 '너'의 행복을 바라는 사람과 함께 살 수 있는 세상, 나의 꿈이다. 장애를 함께 아파하고, 걸음을 멈추고 손을 내미는 사람들을 알아보고 가까이 하면서 즐겁게 살아가는 방법을 터득했다.

유난히 말 한마디 행동 하나가 내 마음을 거슬리게 하는 사람이 있다. 그런 생각이 나의 잘못된 생각일까? 그런 사람들을 오히려 가엽게 여겨야 한다고 마음을 다잡는다. 다른 이들에게 불편을 끼치는 걸 알면서도 같이 활동할 수밖에 없다. 기꺼이 함께 하는 이들에게 감사하면서. 건강한 사람들도 나이를 먹으면 장애가 생긴다. 나는 조금 일찍 그걸 겪고 있을 뿐이라는 것을 알게 됐다. 슬픔도 이겨내면 힘이 된다는 것을.

미카엘이 레지오(물리적으로 말고, 기도와 육체적으로 봉사하고 마음을 성화시키는 단체, 즉 성모님은 사령관, 밑에 있는 단원들은 군인) 활동을 하며, 단원들과 잘 지내는 모습이 아름답다. 미카엘이 돈도 벌고 자기가 좋아하는 일을 할 수 있는 기회가 생겼으면 좋겠다. 그것이 하늘에 별 따기라는 걸 알기에 현실이 아프다. 미카엘에게 좋은 일이 생기는 날이 빨리 왔으면 좋겠다. 밝은 얼굴로 인사하는 미카엘을 보면서 기도한다. 그녀와 내가 힘들어도 힘을 내고 넘어져도 다시 일어나 걸을 수 있는 용기를 달라고. (2014. 8. 6.)

예수님을 닮은 분

난 구정연휴 동안 KBS1 스페셜 울지마, 톤즈을 보았다. 이태석 신부님은 아프리카 수단 남쪽의 작은 마을 톤즈에서 선교활동을 하셨다. 그분은 의과대학을 나와서 사제가 되었다. 의과대학을 나와 평범하게 편안하게 살아 갈 수 있었다. 그런데, 그 분은 사제의 길을 선택하셨다. 또한 한국에서 평범하게 사목활동을 할 수 있었다. 그리고 그 먼 나라까지 가지 않아도 한국에서 충분히 어려운 사람들을 도울 수 있었다. 나 같으면 그런 길을 택할 수 있었을까?

한 남자…, 마을 사람들은 톤즈의 아버지였던 그의 죽음이 믿기지 않는다며 눈물을 흘렸다. 그들은 세계에서 가장 키가 큰 딩카족이다. 남과 북으로 나뉜 수단의 오랜 내전 속에서 그들의 삶은 분노와 증오 그리고 가난과 질병으로 얼룩졌다. 목숨을 걸고 가족과 소를 지키기 위해 싸우는 딩카족. 강인함과 용맹함의 상징인 종족 딩카족에게 눈물은 가장 큰 수치다. 무슨 일이 있어도 눈물을 보이지 않던 그들이 울고 말았다. 모든 것이 메마른 땅 톤즈에서 눈물의 배웅을 받으며 이 세상 마지막 길을 떠난 사람, 마흔 여덟의 나이로 짧은 생을 마감한 故 이태석 신부님이다.

아프리카 수단으로 사제가 간 것은 한국에서 처음이라고 한다. 그곳에 가서 그 사람들과 친해지기 위해서 사람들 마다 자주 만나서 이야기하고 관심을 가져야 했다고 한다. 나 같으면 그렇게 할 수 있었을까? 보통 사람이라면 그저 나만 편안하고 그런 사람들에게 신경 쓸 필요도 느끼지 않았을 것이다. 그는 의사로서 아픈 사람들을 치료해 주었다. 특히 남들이 다 피하는 나병환자들에게 그 상처들을 직접 만지고 치료해 주고, 그것도 부족해 그들 변형된 발의 사이즈를 재서 직접 신발을 만들어 주었다. 의료 시설이 없어 직접 병원을 만들고, 전기가 없어서 태양 에너지를 이용해 전기를 들어오게 했다.

배우지 못한 어린이들에게 직접 교사가 되어 수학 음악 등 필요한 지식들을 가르쳐 주었다. 젊은 사람들에게 일을 가르쳐 생활할 수 있는 능력을 길러주었다. 한국에 연락해서 필요한 옷과 생활용품들을 요구하기도 하였다. 그런 많은 지혜와 힘이 어디서 그렇게 나는지 궁금하다. 즉 그 분은 사제요, 의사요, 교사요, 건물을 지은 건축가요. 구두장이요, 아버지요, 친구요, 구원자였다. 그 많은 일들을 하느라고 어디 조금이라도 편히 쉴 수 없었을 것이다. 아니, 잠이라도 밤에 푹 잘 수 있었을까? 생각해 본다.

어떻게 그 한 사람에게 그렇게 많은 능력과 무거운 짐을 지어 주셨는지 그 분은 정말 하느님이 선택한 분이라고 생각한다. 감히 우리 보통 인간으로서 상상도 할 수 없는 일이다. 그러기에 자신에게 병이 생겼는지도 모르고 일을 하였다. 한국에 와 검사를 받았을 때, 그는 이미 대장암 말기였다. 어떻게 그렇게 아프도록 몰랐을까? 몸에 이상이 있었을 것이다. 그러나 그곳 마을 사람들을 너무 사랑하기에 자기가 죽어가는 것도 몰랐다. 말기 암이면서도 찡그린 표정 하나 없이 늘 웃으면서 생활하셨다. 내가 그런 처지에 있었다면 그렇게 태연히 웃으면서 생활 할 수 있었을까? 그분의 웃는 모습이 정말 천사 같았다. 때묻지 않는 순수하게 웃는 모습에서 정말 편안함을 느꼈다. 그렇게 능력이 있는 분을 왜 그렇게 빨리 하늘나라로 데리고 가셨는지 하느님을 원망도 해 본다. 어찌 하느님의 그 속 깊은 뜻을 알 수 있을까?

지금 현재 우리들은 개인주이에 빠져 나만 편안하면 된다고, 주위에 아프고, 어려운 사람들을 모르는 척 지나가고, 또한 나보다 못났다고 비웃고 멸시와 모욕적인 행동들은 그들에게 더 큰 상처들을 준다. 좀 더 많이 가지기 위해서 지나친 욕심을 부려서 자기가 뿌린 지옥에 떨어지는 사람들이 얼마나 많은가? 이태석 신부님 발굽치만 따라가도 우리 세상은 참 행복할 것이다. 그분은 예수님을 닮은 신부님이었다. 이것을 보고나니, 내 가슴이 따스해온다. 그러면서도 신부님이 너무나 아깝다는 생각이 든다.

(2011. 4. 2.)

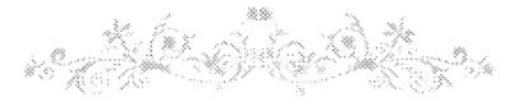

토마토 같은 삶

겉과 속이 토마토처럼 같으면 얼마나 좋을까? 겉모습으로는 꽤 괜찮은데, 속은 텅텅 비어있는 사람이 있는가 하면, 겉모습으로는 보잘 것 없이 보여도 속은 꽤 괜찮은 사람들이 있다. 별 이유 없이 서로가 상처를 주기도 하고 때로는 저 사람 참으로 아름답게 살아간다는 모습에서 자신도 모르게 존경심에서 그 사람을 보는 것만이라도 행복감에 빠지기도 한다.

늘 주일마다 김바오로 형제님은 누이동생 자가용을 타고 6식구가 성당에 온다. 미사가 끝나고 딸 둘은 주일학교에 남아 교리를 받고, 어른들만 먼저 집에 간다. 집에 가는 방향이 같아서 으레 우리 집 근처까지 태어다 주신다. 다섯 사람이 타면 꽤 불편한데, 이렇게 배려 해주시는 마음에 늘 감사한다. 누구는 자리가 있으면서도 불편하다고, 또는 자기들 끼리 가야하는데 끼어드는 것이 싫다고 그냥 간다는 사람이 많은데 참 고마운 일이다. 김바오로 형제님은 정말 겉과 속이 같은 잘 익은 토마토 같은 분이다. 그의 삶 역시 그렇다.

지난 12월 성당에서 아는 몇 사람이 모여서 임요셉 형제님 댁에 가서 망년회를 했다. 노모와 장애인 아들, 단 둘이서 사는 가정이다. 김바오로 형제님은 그곳에 자주 가, 가장 임요셉 형제님의 목욕봉사와 어머니와 임요셉 형제님에게 말벗을 해 드리고 있었다. 혼자 몸을 가누지 못하는 아들을 수발하다가 81세 노모는 힘이 들어 건강이 좋지 않은 상태이다.

형제님들이 사온 족발과 막국수, 술, 내가 사가지고 간 케이크를 먹으려고 하는 참이었다. 마침, 그곳에 임요셉 형제님을 위한 복지사분이 오셨다. 형제님은 복지사분에게 방송통신대학 졸업한 후 잘 부탁합니다는 말에, 난 형제님께 "혹시 복지사 공부 또 하시려고요?" 했더니, 역시 데레사는 예리하다고 말씀하셨다. 형제님 52세나 된 나이에도 지금 방송통신 대학에서 역사학을 배우고 있는데, 3년 동안 장학금을 놓치지 않았다고 한다. 지금은 한양대학교에서 2급 한자검정 시험과정을 학생들에게 가르치고 있다고 했다. 저도 한자공부를 하고 있다는 말에, 모르거나 의문이 나는 것 있으면 물어보라고 했다. 혹시 책이 필요하면 한자 책까지 주신다는 말에 감사했다.

형제님은 가장으로 낮에는 일을 하면서 밤에 또는 시간 있을 때 마다 틈틈이 8년 동안 공부하여 7천자의 한자를 알고 있다고 했다. 성당활동도 참 부지런히 하고 계신다. 참으로 시간들을 어떻게 잘 활용하느냐에 따라 인생이 달라지는 것이다. 그런 면에 같은 생각을 하고 계시는 동지를 만나서 반가웠다.

지난날, 나도 밤을 벗삼아 공부를 하고, 일을 하고, 컴퓨터를 배우고, 성당 레지오 활동을 하고, 장애인들과 장애인 가족들에게 컴퓨터로 봉사도 하였다. 무척이나 정신없이 살아왔다. 지금은 옛날 같이 열심히 살지 못하는 것 같다. 하지만 꼭 특별이 하는 것이 없어도 꾸준히 노력한다. 주위 사람들에게 조금이라도 필요한 사람이 되어 살아가고 있는지 내 자신을 돌아본다. 토마토 같은 형제님에 대하여 더 깊이 알게 되어 행복하다. 또한 다른 사람들도 알게 되어 더욱더 즐거운 저녁이었다.

사람들은 죽을 때가지 도전하고 노력하면서 살아야 한다는 생각을 한다. 요즘 100세 시대에 나이 먹어 직장을 그만두고, 할 것이 없어서, 하루하루 무의미하게 보내는 노인들이 많아지고 있다. 그것은 본인들과 국가적으로 낭비라는 생각을 하게 된다. 김바오로 형제님처럼 봉사하는 삶을 많은 사람들이 배우면 좋겠다. 형제님처럼 토마토 같은 삶을 닮고 싶다. 나는 지금 어느 정도나 익어가고 있을까?

『수필문학추천작가회연간사화집』 2013/23호

장애를 이겨낸 승리의 노래

오 경 자
(한국수필문학가협회 부회장)

수필은 자신의 체험에서 글감을 찾아 쓰는 글이기에 작가의 삶이 그대로 투영되는 글이다. 그런 연유로 수필은 다른 장르와 달리 작가를 알고 읽을 때 모르는 작가의 글을 읽을 때보다 훨씬 깊은 감동을 받게 되는 글이기도 하다. 김성윤의 수필을 대하면 이런 일반적인 경험을 실감하게 된다.

김성윤은 장애인이다. 선천적으로 장애를 가지고 태어나 어린 시절부터 차별과 소외감 속에서 이를 깨물며 배움에 도전하고 참고 견디며 자신을 성장시켜 나왔다. 어머니의 교육은 독특했다. 아이가 초등학교에 입학하자마자. 매주 천 원씩 용돈을 주면서, 아이들이 맛있는 것을 먹을 때 쳐다보지 말고 너도 사 먹으라고 가르쳤다. 장애인이라고 가뜩이나 아이들이 따돌릴텐데 혹시나 더 초라한 모습을 다른 아이들에게 보일까봐 자존을 지키도록 가르친 것이다. 그와 함께 학교 내에 있는 새마을 금고에서 예금통장을 만들어준다. 한 푼이라도 남으면 그날 즉시 통장에 집어넣으라는 당부를 하면서 절약과 절제, 그리고 저축이라는 세 마리 토끼를 함께 잡게 만들어 준 것이다.

그의 수필은 장애인의 고뇌를 깔고 있지만 아픔에만 머물러 있는 것이 아니라 승리를 노래하고 있다. 도전이 있고 장애인이 살기 힘든 세태에 대한 성토가 도도히 흐른다. 그 성토를 수필의 기법으로 승화시켜 여운을 남기며 가슴속에 깊이 파고든다. 그것이 김성윤의 수필이다. 그는 세상을 따뜻하고 올바른 시선으로 바라보는 작가다. 정도를 벗어나는 것을 지적하고 그러지 않았으면 좋았을 것을 수필로 고발한다. 그런 비판은 같은 입장의 장애인들을 향해서 더욱 추상같다. 장애가 있으면 더욱 노력하고 자신의 처지에 맞게 대처하며 살아야 한다는 것이 김성윤의 인생관이다. 그런 시각에서의 관조를 통해 그의 수필은 인간승리로 승화된다.

- 갑은 갑질을 하고 을은 어쩔 수 없이 참아야만 하는 것이 세상이다. 내가 좀 참을 걸, 후회도 해 본다. 어디 내 마음에 맞는 직장이 있을까? 아버지가 한 가정을 이끌기 위해 참고 견디었던 것처럼 세상 사람들 모두가 이렇게 참으며 살아가는 것이 인생사인지도 모른다. 힘들다고 기분 나쁘다고 일을 그만두는 것은 자기 자신과의 싸움에서 지는 것이다. 그래, 너 마음대로 갑질 해라, 을이 얼마든지 받아줄게. -「갑질」 중에서

- 한편으로는 부모님께 말 할 수 없이 미안하고 죄송했다. 그냥 집에서 백조로 지내는데, 도와드리지는 못할망정 치료비에, 걱정에, 병간호까지 하시는 일을 생각하면 내 가슴이 메어졌다. 더구나 엄마는 '네가 어떻게 살아왔는데, 지금 암이 아니더라도 무척이나 힘들게 살아왔는데 하느님도 무심하시지!' 그 말에 나는 돌아서서

울고 말았다. '엄마, 신께서 우리가 모르는 다른 뜻이 있겠지요.' 하고 마음을 강하게 먹었다.

이제는 마음을 비우고 누가 뭐라고 해도 그러거나 말거나 넓은 마음으로 아파하지 말고 넘어 가기로 했다. 힘들면 좀 쉬어 가기도 하고 잠도 많이 자야겠다. 운동(헬스 자전거, 걷기, 스트레칭)도 열심히 하고 야채 과일도 많이 먹어야겠다. 돈 버는 것도 이제 손을 놓았다. 지금 당장 굶어 죽지 않으니 돈 벌 기회가 되면 또 벌어야 하겠지만 그렇게 괴로워하지 않기로 했다. 주어진 생활 속에 나 자신을 사랑하고 긍정적으로 재미있게 살아야겠다. 앞날은 아무도 모르는 일이다. 사람이 살아가는 것은 누구나 시한부 인생이다. 신이 주신 생명의 소중한 선물을 아름답게 가꾸어 가야한다. 신이 부르시는 날까지. -「견딜만한 시련」 중에서

김성윤은 독실한 천주교신자다. 그러나 전혀 호들갑스럽지 않다. 어찌보면 지나칠 정도로 담담한 표현이 많고 자신이 성당에서 이제 열심히 활동하지 않겠다는 류의 표현도 서슴치 않는다. 그러나 그것이 김성윤의 진솔한 신앙심의 원천이다. 그리고 깊은 연원을 지닌 신앙의 태도이다.

- 차 안에서 '데레사 열심히 잘 살고 있어, 조금만 더 마음의 그릇을 비우고 착하게 살아가라고 내가 너를 명동 성당으로 인도했다. 내가 너를 얼마나 사랑하는지, 그 힘든 것들 같이 손잡고 걸어가는 것 알지? 좀 더 착하게 생활하고 힘과 용기를 내렴.' 하는 주님의 목소리가 들리는 것 같다. -「그래 맞아」 중에서

- 레지오 회합 때 우리 팀이 마지막 회합이기 때문에 회합이 끝나면 꽃병들을 부셔 놓는다. 시들지 않은 꽃은 단원들과 같이 나누어 가지고 간다. —중략

성전에서 흑장미를 가지고 나오는데 아는 자매님이 예쁘다고 한다. 마침 자주 차를 얻어 타고 다녀서 미안했는데, 꽃을 반 쯤 뚝 떼어 주었다. 또 다른 자매님이 '어머, 예쁜 장미 어디서 났어요? 하는 바람에 그 꽃들마저 주었다 그분들이 좋아서 웃는 모습을 보며 내 발걸음은 가벼웠다. 다음 주에 또 생기는데 뭘, 집에는 아직 노란 소 국화들이 시들지 않고 웃고 있었다. 국화가 이렇게 오래 가는 줄 몰랐다.

가만히 생각하니 좀 여유 있게 꽃을 보고 마음도 아름답게 다스리면서 살아가라고 주신 주님의 특별한 선물인 것 같다. 공짜로 얻어 매일 꽃을 볼 수 있다는 사실을 다른 이들은 부러워할 일인데 나의 행복을 모르고 귀찮다고 불평만 했다. -「꽃」 중에서

김성윤은 가족애 또한 대단하다. 그것이 그의 수필의 또 하나의 축이다. 남동생과 올케들에 대한 따뜻한 배려와 조카들에 대한 사랑이 남다르다.

- 조카 녀석이 '돈은 미리미리 저축해 두어야 해.' 라고 말하는 것이 아닌가? 그 말에 온 식구들은 감탄했다. 녀석이 벌써 그런 생각을 하고 있었다. 난 '그래 준서야, 네 말이 맞아.' 라고 대답해 주었다. 어린 것도 그런 생각을 하고 있는데, 열 살배기 보다 못한 어른이 얼마나 많은가? 나이만 먹었다고 다 어른이 아닌 것 같다. 70 먹은 노인이 세 살배기에게서 배운다. 사람들 중에는 일하기

싫어하거나, 돈 있는 대로 다 써 버리고 세월이 흘러 늙은 후에 주위 사람들에게 대접도 못 받고, 짐이 되어 살아가는 사람들도 있다. 내 주위에 그런 이들만 눈에 보이는지, 참으로 안타까운 사람들이다. '가난은 나라 임금도 구할 수 없다.' 고 했다.

-「열 살 배기의 말」 중에서

주제를 선택함에 있어 자신의 아픔과 관계되는 것들이 많지만 그 때 마다 색다른 것들을 주제로 삼고 아픔은 바탕에 까는 것이 김성윤 수필의 특징이다. 그리고 그는 아픔을 근저에 깔고 있지만 결국은 성취를 노래하고 있어 그의 수필은 승리의 수필이고 차원 높은 인간승리의 노래이다.

- 앞날은 모르는 일이다. 다만 한 순간 한순간 열심히 살 뿐이다. 더 좋은 일이 있을 것이다. 올 한 해는 디자인에 다시 도전해 볼 생각이다. 신께서 우선 자격증을 따고 책을 많이 읽으라는 기회를 주신 것 같다. 그 다음에 또 일을 찾아야겠지! 나에게 일자리가 있을지 모르는 일이다. 또 실업자가 되었다는 것이 가슴이 쓰리고 아프다. 세월이 지나면 괜찮아지겠지. 돈은 벌지 못하면 그만큼 절약하면 되는 것이다. 깊은 뜻을 알지 못하지만 또 새로운 일이 생기겠지. 힘들고 피곤하지만 하루하루 열심히 살자, 파이팅!

-「다시 도전하다」 중에서

장애인이라 가뜩이나 일자리를 얻기 힘든데다 겨우 얻은 일자리도 장애인을 오히려 울리는 여러 가지 일들로 해서 또 그 자리마저 밀려나게 되는 악순환을 수없이 겪어 오면서 자신의 심경을 위와 같이 토로하고 그 체험을 수필로 승화시키고 있음을 눈여겨 볼만하다고 본다.

이런 아픔을 주제로 잘 승화시킨 대표적인 작품이 '바보의 행복'이다. 자신의 처지에서 어떻게 처신하는 것이 가장 현명한가를 체험 속에서 터득하고 어릴 적부터의 어머니 교육의 영향으로 절제와 인내심을 갖고 살아 온 그다. 그는 그런 아픔과 난관을 헤쳐 온 자신을 바보로 자처하며 그 바보의 행복론을 폄으로서 수필의 진수를 맛보게 한다. 그의 수필세계의 결정체라 할 수 있는 작품이다. 또한 장애인의 절규이며 사회에 대한 각성을 촉구하는 강한 메시지를 담은 글이다.

그러면서도 장애인들에 대한 경각심을 일깨움과 동시에 꿈을 갖도록 권고하는 동지애를 담고 있다. 이런 무거운 주제들을 바보라는 캐릭터를 등장시켜 희화된 표현으로 감동의 폭을 넓히고 더 진한 울림을 주는 작품이다.

– 나는 혼잣말을 했다. '그래 실컷 이용해라, 다 알고 있지만 참아 주겠다. 더 나은 날이 올 때 까지 여기서 기다리겠다.' 그들은 내게서 온갖 것을 헐값에 뺏고 나서 나를 버렸다. '내일부터 나오지 않아도 된다.'고 말하는 얼굴은 아무렇지도 않았다. 수없이 그런 일을 당하는 동안 나는 단단해졌다. 그들은 나를 이용했고 나는 당하면서 성장했다. 끈질기게 참으면서 나 자신을 사랑하는 법을 배웠고 참혹함 속에서도 꿈꾸기를 멈추지 않았다.

친구들은 나 보고 바보라고 했다. 맞는 말인지도 모른다. 바보같이 미련하게 참았고 살아남았다. 몸이 성한 이들보다 백 배 쯤 힘들여 컴퓨터를 배웠고, 수필창작에 힘을 쏟았다. 집에서 컴퓨터 작업으로 용돈을 벌어 쓸 수 있게 되었다. 아무 것도 하지 않고 슬픔에 젖어 세월을 보냈다면 오늘 같은 날이 올 수 있었을까? 부족한 딸을 살뜰하게 보살펴 주는 엄마, 아껴주는 동기간들, 격려하고 위로해 주는 친구들과 함께 할 수 있는 지금 이 순간에 올 수 없었을 것이다. 세상에 나아가 배우고 애쓰면서 함께 어울리는 것이 좋아서 웃는다. 바보처럼. -「바보의 행복」 중에서

수필에 있어서 서정성은 빼 놓을 수 없는 중요 요소임은 두 말 할 필요가 없다. 시에 있어서의 서정성은 생명처럼 생각하면서도 수필에서는 약간 경시되는 경향이 있는 경우가 많지만 그렇지 않다. 서정성은 문학의 기본 요소이다. 김성윤의 수필이 대부분 자신의 체험속의 아픔이나 그런 일들에 대한 사회 고발 등의 내용을 많이 갖고 있지만 자신에 대한 대견함과 이웃과 글벗들에 대한 감사의 생각들을 소박한 표현의 서정으로 승화시키는 맛을 내고 있는 것이 김성윤 수필의 또 다른 단면이다. 아름다운 풍광을 보면서 담담하게 아름다운 단상을 빚어낸다.

- 아… 이렇게 아름다울 수가… 밤에 아무도 모르게 요정들이 와서 물감을 뿌려 놓은 것 같았나. 이 아름다운 절에서 매일 이런 경치를 볼 수 있다는 것에 한편으로는 스님들이 부러웠다. - 중략

평생 마음 놓고 일부러 찾아가 단풍구경을 한 적이 거의 없는 것 같다. 혼자서는 오기도 힘들지만 누구하고 같이 온다는 것도 쉬운 일이 아니다. 특히 불편한 다리로 말이다. 교수님과 문우들이 몸을 잡아 주고, 가방을 들어 주고, 나의 걸음에 맞추어 천천히 걸어 주시는 배려에 미안한 생각이 들었다. 내가 여기에 오지 않았으면 그 분들이 신경을 안 쓰고 편안하게 즐길 수 있었을 것이다. 미안하지

만 그렇게 아니하면 구경을 못 할테니 염치불구하고 따라왔다. 나의 욕심인지도 모르겠다. 글벗들이 너무 고마운데 내가 할 수 있는 것은 그분들을 위해 기도하는 일 뿐인 것 같다. －「마곡사」 중에서

김성윤은 암 투병을 해서 이겨내고 어머니에 대한 고마움을 뜨거운 사랑으로 써내려가고, 자신에게 차별과 조롱을 보내는 사람들을 향해 경고의 몸짓을 강하게 보내온 체험들을 진솔하게 써내려감으로서 수필을 진지하고 허심탄회한 고발의 통로로 삼는데 성공했고 무거운 주제를 수필이라는 문학으로 승화시키는데 성공하는 일석이조의 효과를 거두고 있다. 깊은 신앙심과 자기 절제, 이웃사랑 등으로 점철된 김성윤의 수필세계를 이 짧은 글로는 다 말할 수 없으니 그의 통곡과 환희의 승전가를 모두 꼭 읽어보시라고 권하고 싶다.

수필문학사 수필선집 · 418

김성윤 수필집

아름다운 동행

2016년 12월 20일 초판 인쇄
2016년 12월 25일 초판 발행

지은이 / 김성윤
발행인 / 강석호

발행처 / 도서출판 教音社
편집 / 隨筆文學社 편집부

03147 서울 종로구 삼일대로 457 수운회관 1308호
Tel (02) 737-7081, 739-7879(Fax)
e-mail : gyoeum@daum.net
등록 / 제300-2007-52호

* 잘못된 책은 바꿔 드립니다. 값 13,000원

ISBN 978-89-7814-698-2 03810

이 도서의 국립중앙도서관 출판예정도서목록(CIP)은 서지정보유통지원시스템 홈페이지
(http://seoji.nl.go.kr)와 국가자료공동목록시스템(http://www.nl.go.kr/kolisnet)에서
이용하실 수 있습니다. (CIP제어번호 : CIP2016031857)